JN080727

多様性が拓く
学びのデザイン

主体的・対話的に他者と学ぶ
教養教育の理論と実践

編著者　佐藤智子　髙橋美能

著　者　江口怜　島崎薫　プレフューメ裕子
　　　　菊池遼　藤室玲治　縣拓充

まえがき

1 なぜ「多様性」の中で学ぶべきなのか?

　本書の目的は、学習を社会的文脈から捉え直し、「多様性」の中で「他者」と学ぶ意味と方法について検討することである。「他者」と学ぶ教育においては、学習者が他者との接触を通じて心理的・文化的・社会的差異を体験・超克すると同時に、「自己」を発見し確立していくことが目指される。さらには、このような「他者」と「自己」との出会いを通して、社会的な共生を実現することが期待される。このような教育のあり方を考えることは、現代の教育においては以前に増して重要な課題となっている。

　本書では、前提として、一人ひとりが多様な文化を持つ存在であると理解する。このような「多様性」は、国籍や民族だけでなく、ジェンダーや年齢・世代、地域（出生地や居住地）、それらを基盤とした個々の生活経験や感性や価値観、学問や職業における専門領域等の違いによって、個人間あるいは集団間に生じる差異が基盤となっている。その差異がコミュニティの中で多様に存在し、その状態が認知され、そして承認される状態を「多様性」と捉える。その上で、そのような差異をいかに受容しつつ、そこに生じる心理的な障壁を越境するのかという点に焦点を当てながら、「他者」と学ぶための教育デザインについて考察する。併せて、その中で大学や教員が果たすべき役割、大学における学士課程教育のあり方についても提案する。

　例えばOECDのEducation 2030[1] では、今後の教育の目標として、学習者の「エージェンシー」を掲げている。「エージェンシー」とは、社会参画を通じて人々や環境等がより良いものになるように影響を与えていく責任感や、進むべき方向性を設定し、そこでの目標を達成するのに必要な行動を特定する力だと説明されている。エージェンシーの発揮に必要な要素として、しっかりと

した基礎力とともに、他者と協働し主体的に学習過程を計画することのできる、一人ひとりにカスタマイズされた学習環境の重要性が強調されている。

　本書の執筆者はそれぞれに、学士課程教育の中で、学生同士もしくは学生と社会（学外の人々）との協働的な教育活動を実践している。その実践の中で学生や教員がどのようなジレンマ状況に直面し、そこからどのようにして学習者の自律と社会的な共生を促すことができるのか、その教育デザインを明らかにする。

2　本書の構成

　本書では、各執筆者が教員としてこれまでに実践してきた教育活動を紹介し、その戦略と課題を明らかにすることを通して、大学教育のあり方を再考する。その成果を特定の大学のみに適応可能なものと限定的に捉えるのではなく、すべての大学、あるいは中等教育も含めた多くの学校にも共通する課題を明らかにし、解決策を提案することにつなげたい。

　先に各章の要旨を紹介すると、以下の通りである。

　第1章では、現在日本の大学で取り組まれているアクティブラーニングの現状と課題を踏まえ、ジョン・デューイの教育論に基づきながら、社会的な文脈からアクティブラーニングを再定位するための教育原理を示す。アクティブラーニングの大学教育への導入が政策的に強調される一方で、大学生は、必ずしもアクティブラーニングを積極的に評価していない。特に昨今の大学生の実態は、学修に対する受動性を強めているようにも思われる。アクティブラーニングという用語からは、とかく能動的な側面だけが強調される傾向にある。しかし、授業とは制度上そもそもとして受動的なところからの出発である。学生が学修の過程で何らかを「経験する」時、そこにはたしかに、自らの意図や意思とは離れて「被る」側面がある。しかしそれが能動的な「試行」と合わさったものである場合に、その経験は教育的なものとなる。よって、授業が持つ受動的な側面の意味も、能動性と同時に正当に評価しなければならない。

　デューイは、教育とは生活経験の中に見出され、為すことによって学ぶべきと考えていた。デューイの提唱する経験の教育的価値を図る基準としての「連

続性」と「相互作用」は、教室内で実施する授業のデザインでも参考となる。同じ大学に通う同じ学部・同じ学年の学生同士という、社会的な属性において一見するとまったく同質に見えるような集団内であっても、対話的な学修のための社会的環境を整えることによって、「他者」を発見し、その中に「多様性」を見出し、そこから学びを拓くことは十分に可能である。

　第2章は、近年のボランティア活動及びボランティア学習が注目される社会的背景と論争状況を整理した上で、ボランティア学習が学習者にとって世界を開く学びとなるために、他者との関わりが重要であることに注目している。とりわけ、ボランティア学習の文脈における「他者」は社会的に困難な状況に置かれている人々であり、そのような他者の存在は、理解の対象と関係構築の対象という二側面を持つ。この二側面を考察する手掛かりとなるのが、丸山眞男の他者感覚論とパウロ・フレイレの対話論である。両者の議論は、他者に安易に同情したり代弁したりできると考えるのではなく、他者を内在的に理解することが重要であること、支援者は他者を正常化しようと働きかけるのではなく、他者が世界を変革する存在であることを前提に対話的関係を構築することが重要であることを示唆している。この章ではこうした理論的な指摘を踏まえた上で、「共生社会に向けたボランティア活動」と題した初年次教育の授業実践を事例に取り上げ、授業の目標設定や構成、具体的な授業デザインの工夫について紹介する。さらに、野宿者（ホームレス）支援の現場でボランティア活動を経験した学生の事例を取り上げ、野宿当事者や支援者との関係等を通してどのような認識の変化が生じていたのかを考察する。

　第3章は、留学生と日本の学生が共に学ぶ「国際共修授業」を対象として、参加学生同士が意味ある交流をするために、いかなる支援が必要であるかを検討している。そのための前提としてオルポートの理論を参考にしている。オルポートは黒人と白人が職場や居住環境を共有する中で、双方に良好な関係性を構築するためにいかなる条件が必要であるかを実験し、対等な地位、共通の目的、組織的な支援という3つの条件の有効性を提唱した。これらはこれまで、様々なところで援用されてきている。この章で紹介する国際共修授業では、学

生間の関係性構築にこの3条件を援用し、対等な関係を築くこと、学生が共に学ぶという目標を共有すること、教員からのサポートを含めた相互支援、の3点を焦点化しながら、学習環境を整えた。加えて、他者と共に学ぶことができるよう、課題設定やアクティブラーニングを通した学生参加型の導入、教員からのアプローチを取り入れた学びのデザインを検討した。

　国際共修授業に集まる学生間には言語や文化等の違いがあり、関係性構築を阻害する要因がある。教員の介入と学びのデザインを工夫することで、他者との学びを最大化することは可能である。紹介する実践の中では、一人ひとりが当事者意識を持って授業に参加し、他者に自身の経験や知識を伝えることで、多様なバックグラウンドが生かされ、留学生と日本人学生の双方にとって学びがあり、知識の深化が得られることを確認した。さらには、コミュニケーション能力の伸長、批判的に物事を捉える姿勢、課題を解決しようとする行動力など、学習テーマ以外の学びが多いことも確認された。

　第4章は、第3章に続き、留学生と日本の学生が共に学ぶ実践を紹介する。ここでは言語の壁に着目し、トランス・ランゲージングという概念を用いて「言語の壁」を乗り越えて互いの能力を生かし合い、協働できる方法が提案されている。その前提として、例えば英語による国際共修授業では日本の学生のコミュニケーションにおける積極性が下がり、ディスカッションに参加しなかったり、意見を言わなかったりする傾向があること、日本語による国際共修授業では言いたいことがうまく伝えられない留学生の声があると指摘されている。

　この章では、このような言語能力の差から生まれる「言語の壁」を乗り越える工夫やサポート、そしてそれ自体を学習リソースとして捉えた学びの機会を取り上げている。このような学びは、言語面でハンディがある者に寄り添い、支援をすることができる。また、そのための能力の育成や共通言語の使い方、言語の壁をいかに乗り越えるのかを自力で考える力の育成につながる。トランス・ランゲージングは、「言語の壁」を作らずに互いの能力を生かし合い、協働できる方法である。その場に居合わせた人たちが特定の言語という枠を超えて、その人たちが持ち合わせている言語資源やレパートリーを持ち寄りなが

ら、協働でコミュニケーションを図り、タスクを達成することができる。第4章の事例では、トランス・ランゲージングを行うことで、互いの言語資源を共有し合いながら内容の理解を深め、その理解を反映させた翻訳を作り上げていったことを示している。トランス・ランゲージングの実践の中では、ことばの使用と同時に、互いにスキャフォールディング（足場づくり）を行い、学生間に学び合いが起きていた。そのような人、モノ、場、社会が繋がる生態的な関係の中で、他者とともに言語資源やレパートリーを持ち寄って動的にことばを紡ぎ出しながら学び合うという経験を通して、グローバル社会において必要とされるコミュニケーション能力が育成される。そこでこの章では、トランス・ランゲージングを用い、学生の様々な言語や文化、経験に価値が付与されることで、他者の多様な言語、文化を認め合い、尊重し合う素地を養っていくことができるのではないかと提案されている。

　第5章は、第2章で紹介したボランティア学習の文脈の中でも特に、個々人としての「他者」ではなく、その集合体であるコミュニティを「他者」として捉える。ここでは、被災地域におけるサービス・ラーニングを通じて、現地の人々（コミュニティ）との出会いによって何を学ぶのかが具体的に紹介されている。サービス・ラーニングとは、サービス（ボランティア活動）と学びを結びつける概念であり、それは同時に提供者と受給者の間をつなぐものでもある。サービス・ラーニングに対しては、教育的効果の面が強調され、社会に対しての貢献が不明瞭であるとの指摘もある。この章では、サービス・ラーニング授業を通じて市民性を身に付けるためのプログラムを考案し、実践した事例が紹介されている。実際に、参加学生のコミュニティに対する意識の変化が確認されていることから、フィールドワークを通じて実際にコミュニティとの関係の中で学ぶことの重要性が強調されている。

　第6章は、学生とアーティストとの協働という視点で実践された他者との学びが紹介されている。ここでは学生が、アーティストという日頃は身近に存在しない「他者」との関わりを通じて、いかに創造的な学びを築くのかが課題となっている。この章の中で強調されていることは、アーティストは学生にとっ

てユニークな学びのポテンシャルを有している存在である一方で、ただ学生と
アーティストが協働を行ったとしても、必ずしも有益なコミュニケーションが
生起するわけではないという点である。そこで、プロジェクト活動の準備とし
てワークショップを体験する機会を設けたり、創造的な思考のモデルを示した
りするなど、様々な実践のデザインを施している。この実践は、大学の教養教
育課程における創造性教育のあり方に新たな示唆を提示するものである。

　本書全体を通して、多角的な視点と多様な事例から「他者」との学びを考察
し、「多様性」が拓く学習デザインのあり方を検討した。ただ、一つひとつの
実践の紹介はあくまでも例示であり、学生や教員や科目が変われば当然に同じ
ような結果が得られるとは限らない。本書で取り上げられた各実践において
も、未だ解決の糸口すら見出せないような課題もある。本書執筆者一同も引き
続き実践と分析・考察を繰り返しながら、「多様性」が拓く効果的な学修をい
かにデザインしていくのかを模索していく予定である。よりよい教育と学修の
実現に向けて、読者の皆様にも本書で取り上げた様々な教育課題について共に
考えて頂き、社会的な議論に参画して頂けることを期待している。

　最後になるが、本書は国立大学法人東北大学高度教養教育・学生支援機構の
研究成果出版経費による助成を受けて刊行されたものである。記してここに謝
意を表したい。

　　2019年10月25日

　　　　　　　　　　　　　　　　　　　　　　　　　　佐藤智子・髙橋美能

注記
(1)　OECD（経済協力開発機構）では、2015年からEducation 2030プロジェクトを進
　　めており、その当初から日本も参加している。文部科学省では、OECD, *The
　　Future of Education and Skills: Education 2030*文書の日本語訳を公表してい
　　る。https://www.oecd.org/education/2030-project/about/documents/OECD-
　　Education-2030-Position-Paper_Japanese.pdf（閲覧2019/10/05）

多様性が拓く
学びのデザイン

主体的・対話的に他者と学ぶ
教養教育の理論と実践

目　次

まえがき ………………………………………………………………… 3

第1章 「他者」と学ぶ教育原理と
アクティブラーニングの授業デザイン

佐藤 智子

1 大学教育におけるアクティブラーニング ……………………… 16

2 大学生の学修の実態 ……………………………………………… 17

3 アクティブラーニングの定義と課題 …………………………… 18

4 デューイの教育論からみるアクティブラーニングのあり方 ……… 22
　（1）学習を社会的な文脈で捉え直す　22
　（2）アクティブラーニングの教育原理　23
　（3）学修における「興味」と「思考」　25
　（4）アクティブラーニングにおける受動的側面の意義　28
　（5）教師の役割としての「指導」とは何か　29
　（6）学習のための効果的な環境を整える　31

5 授業の実践例:「学習理論入門」…………………………………… 33
　（1）授業のねらい　33
　（2）授業の概要と構成　35
　（3）授業デザインの工夫と課題　37

6 アクティブラーニングの限界を超えた授業デザインへ ………… 46

第2章 社会的マイノリティとの
「対話」に向けたボランティア学習

江口 怜

1 ボランティア学習は世界を開くか？ …………………………… 52
　（1）高等教育におけるボランティア導入への期待と懸念　52

  （2）試金石としての「他者」との関わり 53

  （3）丸山眞男の「他者感覚」論とパウロ・フレイレの「対話」論 55

 2 授業の実践例：「共生社会に向けたボランティア活動」 …………… 57

  （1）授業概要と目標設定 57

  （2）授業の構成 59

  （3）授業デザインの工夫 61

 3 学生Aさんの学びの軌跡 ——野宿者支援の現場と向き合って …… 66

  （1）野宿者支援を巡る文脈と「出会い」の教育的意義 67

  （2）自己責任論と押し売りボランティア論の混合 69

  （3）他者と関わろうとする意志の芽生え 71

  （4）他者感覚の錬磨とボランティアの意義の見直し 74

 4 他者との出会いから学びを生み出すために ………………………… 76

第3章 言語と文化の違いを超えて学生が学び合う国際共修授業

髙橋　美能

 1 国際共修授業発展の背景 ……………………………………………… 82

 2 東北大学の現状 ………………………………………………………… 83

 3 国際共修授業における教育実践上の工夫 ………………………… 87

 4 学習テーマとしての「人権」………………………………………… 90

  （1）授業概要 92

  （2）参加者の授業時の様子 93

  （3）多様なバックグラウンドの学生と共に学ぶ効果 95

  （4）実践上の工夫 96

 5 別のテーマで実践した事例 ………………………………………… 99

  （1）参加学生の変化 101

  （2）成果と課題 102

 6 学習テーマの選定と多様性を生かす教育実践 …………………… 105

第4章 「言語の壁」を超えるトランス・ランゲージングの学び合い

島崎 薫／プレフューメ裕子

1 国際共修におけることばや言語の問題 ……………………………… 112

2 「言語の壁」とは何か ………………………………………………… 112

3 トランス・ランゲージング ……………………………………………… 115

4 実践例：「Humans of Minamisanriku」……………………………… 117
  (1) 本稿の目的　117
  (2) 実践の概要　118
  (3) 研究の方法　120

5 トランス・ランゲージングにおける学び ……………………………… 121
  (1) 沙織とレベッカによるトランス・ランゲージング　121
  (2) 沙織とレベッカのトランス・ランゲージングの中で起こった学び　126
  (3) なぜトランス・ランゲージングが起きたのか　129

6 国際共修におけるトランス・ランゲージングの意義と
  今後の展望 …………………………………………………………… 133

第5章 コミュニティとの協働から学ぶサービス・ラーニング

菊池 遼／藤室 玲治

1 サービス・ラーニングがコミュニティで果たすべき役割とは …… 138
  (1) サービス・ラーニングの成立過程と現状　138
  (2) 東北の被災地で実施するサービス・ラーニングの意義　142
  (3) 学習者の学びとコミュニティへのインパクト、被災地における「市民性」の
    定義　145

2 被災地域のコミュニティとのサービス・ラーニング授業の
  成立経緯... 147
  (1) 2018年度の授業開講までの経緯　147

（2）基礎ゼミから生まれたサークル「たなぼた」　148

3　授業の実践例：「被災者の生活再建・コミュニティ形成の課題と
　　ボランティア活動」 ……………………………………………………… 149
　（1）フィールドを知ってもらう　151
　（2）実際に見聞したフィールドの情報を客観的にまとめる　153
　（3）現地の方との打ち合わせ　155
　（4）大盛況だったボランティア企画本番　157
　（5）良いサービスを提供できた要因　159

4　サービス・ラーニングはコミュニティにとって有効か …………… 160

第6章　アートプロジェクトから学ぶ教養としての創造的思考

縣　拓充

1　アートプロジェクトと学び ………………………………………… 166
　（1）現代のアート　167
　（2）アートプロジェクトとは　168
　（3）アートプロジェクトが孕む問題　169

2　教養としての創造的思考 …………………………………………… 170
　（1）アーティストとの協働　171
　（2）創造的教養　171
　（3）アートの視点を活かした創造的思考のサイクル　173

3　千葉アートネットワーク・プロジェクト（WiCAN） ……………… 177
　（1）実践の概要　177
　（2）活動内容　178

4　ワークショップ体験授業 …………………………………………… 182
　（1）ワークショップ体験授業のねらいと活動内容　182
　（2）ワークショップ授業の中での学びと課題　184

5　アーティストとの協働によるプロジェクト ……………………… 188
　（1）「アート×教育＝？」プロジェクト概要　188

（2）岡田プロジェクトの展開　189

（3）山本プロジェクトの展開　190

（4）アーティストと学生の協働の形態　192

6　アーティストからの学びの機会を
　　より有意義なものにするために　……………………………………　196

あとがき　……………………………………………………………………　201

第 1 章

「他者」と学ぶ教育原理と アクティブラーニングの 授業デザイン

佐藤 智子

1 大学教育におけるアクティブラーニング

　大学教育の中でも、特に初年次教育における重要な課題の一つは、学生に、受動的な学習から能動的な学習へと考え方や習慣を転換させることである。そのために、授業も一方向的な講義だけでなく、双方向的なディスカッションやグループワークなどを導入することが推奨されている。このような文脈で推奨される、能動的で双方向的な学習を「アクティブラーニング」と呼ぶことが多い。

　とりわけ2012年以降、大学教育でアクティブラーニングが強調されるようになった。その一つのきっかけとなったのは、2012年の中央教育審議会答申「新たな未来を築くための大学教育の質的転換に向けて～生涯学び続け、主体的に考える力を育成する大学へ～」（以下、答申）である。この答申においては「生涯にわたって学び続ける力、主体的に考える力を持った人材は、学生からみて受動的な教育の場では育成することができない」とされ、学士課程教育の質的転換が唱えられている。そこでは、「従来のような知識の伝達・注入を中心とした授業から、教員と学生が意思疎通を図りつつ、一緒になって切磋琢磨し、相互に刺激を与えながら知的に成長する場を創り、学生が主体的に問題を発見し解を見いだしていく能動的学修（アクティブ・ラーニング）への転換が必要」と記されている。そのために、学生には「事前準備・授業受講・事後展開を通して主体的な学修に要する総学修時間の確保が不可欠である」とされ、同時に教員の側には、「学生の主体的な学修の確立のために、教員と学生あるいは学生同士のコミュニケーションを取り入れた授業方法の工夫、十分な授業の準備、学生の学修へのきめの細かい支援など」が求められている（中央教育審議会　2012: 9-10）。

　このように大学教育におけるアクティブラーニングは、積極的に導入すべきものとなっている。その一方で、大学生が経験し、あるいは認識しているアクティブラーニングの実態は必ずしも積極的に評価されるものばかりではない。

そこで本章では、第1に、そのような理念と実態との乖離を生む背景や要因について理論的に検討し、デューイ（J. Dewey）の教育論を参照しつつ、社会的な文脈からアクティブラーニングを捉え直す。ここでは、他者とのコミュニケーションを通して学生が主体的・対話的に学ぶ効果的な授業デザインにおいて重要な観点を示すことを目的とする。第2の目的としては、理論的な観点をもとに実践上の工夫や留意点を具体的に提示することである。授業にアクティブラーニングの方法を導入する場合、教員と学生の間の双方向的なコミュニケーションだけではなく、グループワーク、ディスカッション、プレゼンテーションなど、学生間の双方向コミュニケーションが導入される。そこで、これらの方法を積極的に導入する授業実践を具体的な事例として取り上げる。

2 | 大学生の学修の実態

大学教育においてアクティブラーニングへの転換が強調され、実際に大学の授業でアクティブラーニングの方法が多く導入されるようになった。ただし、それをすべての大学生が積極的に望んでいるのかというと、そうではない。ベネッセ教育総合研究所（2016）の第3回「大学生の学習・生活実態調査」によれば、確かに、授業において、グループワークなどの協同作業（2008年：53.3％→2016年：71.4％）、プレゼンテーション（2008年：51.0％→2016年：67.0％）、ディスカッション（2008年46.7％→2016年：65.7％）の機会を導入する割合は増加している。しかし大学生の多くは、学生自身が調べて発表する演習形式の授業よりも、教員が知識・技術を教える講義形式の授業が多いほうがよい（78.7％）と考えている。このように、教員が積極的にアクティブラーニングに適した授業の実施を試みたとしても、学生は必ずしも肯定的に受け止めていない側面がある。

そもそも大学生がどのように大学での学習を捉えているかを見ると、そこに大学教育を考える上での課題も多い。大学生の多くは大きな希望や意欲を持っ

て大学に入学してくる。ベネッセ教育総合研究所（2016）の同調査によると、大学入学時の気持ちとして、「専門分野について深く学びたい」と「思っていた」学生が82.6％、「専門に限らず幅広い知識や教養を身につけたい」と「思っていた」学生も76.3％となっている。実際に、大学生活で力を入れたこととしても「大学の授業」に対して「力を入れた」という回答は66.8％、「大学の授業以外の自主的な学習」についても40.5％となっている。これはアルバイト（64.0％）、サークルや部活動（49.3％）と比べても決して低い数値ではない。にもかかわらず、反面では、授業時間外の学習時間は決して十分とは言えない実態がある。「授業の予復習や課題をやる時間」は0時間が19.4％、週あたり1時間未満では43.7％となる。「大学の授業以外の自主的な学習」については、0時間が32.9％、週あたり1時間未満だと57.8％となる。つまり、大学生の多くは、入学時には学習への高い興味や意欲を持っており、大学生活の中で実際に学修に力を入れていると自覚している学生も少なくないが、その反面、実際の授業時間外学習は、「単位制度の実質化」の観点に照らして決して十分とは言えない状況である。同調査によると、学生の志向として、「単位取得が難しくても興味のある授業」よりも、「あまり興味がなくても単位を楽に取得できる授業」がよいと考える学生が増加している（2008年：48.9％→2016年：61.4％）。また、学習方法を自分で工夫するよりも、大学の授業で指導を受けたいという学生も増加している（2008年：39.3％→2016年：50.7％）。以上の調査結果を見る限り、昨今の大学生は、主体性や能動性よりも、むしろ受動性の傾向を強めているように解釈できる。このような状況においてアクティブラーニングを導入するには、教員側にも相応の工夫が必要となる。

3 ┃ アクティブラーニングの定義と課題

「アクティブラーニング」とは、具体的にはどのようなものと理解されているのだろうか。先に示した中央教育審議会（2012）答申の「用語集」では、

「アクティブラーニング」が次のように定義されている。

　　教員による一方向的な講義形式の教育とは異なり、学修者の能動的な学修への参
　加を取り入れた教授・学習法の総称。学修者が能動的に学修することによって、
　認知的、倫理的、社会的能力、教養、知識、経験を含めた汎用的能力の育成を図
　る。発見学習、問題解決学習、体験学習、調査学習等が含まれるが、教室内での
　グループ・ディスカッション、ディベート、グループ・ワーク等も有効なアクティ
　ブ・ラーニングの方法である。(中央教育審議会 2012)

　ここでアクティブラーニングとは、「一方向的な講義形式」ではない教授・
学習方法の総称であるとされており、グループでのディスカッションやワーク
などが方法として例示されてはいるが、それに限定されるものではない。しか
し、単に「一方向的な講義形式」ではなく、グループワーク等を導入したもの
というだけでアクティブラーニングに含まれるとすれば、アクティブラーニン
グは必ずしも教育的な効果を保証するものにはならない。
　実際に、アクティブラーニングの実践には問題も多く指摘されている。例え
ば松下 (2015: 5) は、第1に、知識（内容）と活動の乖離の問題を指摘してい
る。アクティブラーニングでは活動することに時間を要してしまうため、知識
（内容）の伝達に使える時間が減るという問題である。高次の思考には相応の
知識獲得が必要となるため、両者をどう両立させるかが課題となる。第2に、
能動的学習を目指す授業のもたらす受動性の問題にも言及されている。アク
ティブラーニングでは、活動が構造化され、学生は活動に参加せざるを得なくな
る。また、グループ活動においては個々の学生の責任が曖昧にもなる。関連し
て、第3に、アクティブラーニングの方法を好まない学生には否定的な評価の
目が向けられてしまう（田上 2016）。学習スタイルの多様性をどのように考慮
すべきかが課題となる。
　溝上 (2015: 31) は、アクティブラーニングを、「一方向的な知識伝達型講
義を聞くという（受動的）学習を乗り越える意味での、あらゆる能動的な学習

のこと」と包括的に定義した上で、「能動的な学習には、書く・話す・発表するなどの活動への関与と、そこで生じる認知プロセスの外化を伴う」とする。松下（2015: 8）によれば、ここで言われる「外化」とは、エンゲストローム（Engeström 1994=2010）が示した「学習サイクル」の6つのステップの1つである。その6ステップとは、動機づけ、方向づけ、内化、外化、批評、コントロールである。この学習サイクルは、学習者が出会う問題と既有知識や経験との間に生じるコンフリクトから出発し（動機づけ）、その解決を目指して学習活動が始まる（方向づけ）。解決に向けて必要な知識を習得し（内化）、さらにはその知識を実際に適用して解決を試みる（外化）。知識を実際に適用する中では往々にして限界が見つかるため、その知識を再構築する必要に迫られる（批評）。最後に学習者は一連のプロセスをふり返り、必要な修正を行いながら次の学修プロセスへ向かう（コントロール）。

　一方向的な知識伝達型講義が「外化のない内化」に陥りやすいのと同様に、内化偏重の講義を批判的に捉えるアクティブラーニングは「内化のない外化」になる可能性を孕んでいる。そこで松下（2015）らは、アクティブラーニングが、「深い学習」「深い理解」「深い関与」という3つの系譜を持つディープなものとなるよう、理論的整理と実践的工夫を提示している。溝上（2015）が示すように、学生の授業時間外の学習を含めた総合的な授業デザインや、「逆向き設計」とそれに併せた多角的アセスメント等も、当然に重要である。ただし、これらはアクティブラーニングを間接的に促す技法や対応策であり、アクティブラーニングを本質的に説明する要素や原理ではない。

　アクティブラーニングでいかに「認知プロセスの外化」が重要であっても、外化の過程を経た知識の再構築においては、必ず社会的な価値と文脈を介在させなければならない。溝上（2015: 33）が言及しているように、教育者中心の教授パラダイムが主流であった段階では、学習者を中心に据える学習パラダイムへの転換を焦点化することが有意義である。しかしながら、その学習パラダイムが十分に広く受け入れられた上で「外化」を強調するとすれば、次には教育の質保証が問題となる。外化の過程で表現される学習者個々の理解やアイデ

アは、どのようにすれば独善的な思い込みによるものではなく、社会的で科学的なものになるのだろうか。そして、どのようにすれば、理解や関与が「深い」ものとなるのだろうか。

　すでに述べたように、アクティブラーニングの実践には多くの効果が確認される一方で、課題も多い。その中で松下（2015: 23）は、主に活動と学習内容との乖離を生じさせやすいという課題を乗り越えるため、学習理解や活動への関与の「深さ」を重視し、ディープ・アクティブラーニングを「学生が他者と関わりながら、対象世界を深く学び、これまでの知識や経験と結びつけると同時にこれからの人生につなげていけるような学習」と定義した。

　以上を踏まえると、能動的で深い学習を促すためには、第1に、「他者との関わり」を通して対象世界と接すること、第2に、そこで学んだものを既知の知識や既有の経験と結びつけること、第3に、そのような学習がこれからの人生という未来へと接続するものとなることが重要だと整理できる。

　そこで以降の節では、デューイ（J. Dewey）の教育論を参照しながら、これらの3つの要素がどのような原理に基づいて教育実践として実現可能かについて論じていきたい。デューイは「為すことによって学ぶ（Learning by Doing）」という経験主義教育を唱えた著名な教育哲学者である。デューイの教育論は、戦後日本のアクティブラーニングに向けた教育政策史においても重要な位置を占めたという経緯がある[1]。小針（2018）によれば、1945年以降の日本の戦後教育の刷新に際しては、当時の文部大臣がデューイ本人に助言を求めた動きがあったと記録に残っている。ただしデューイの教育思想が日本に導入される際に、その考え方が正確に理解されず、「活動あって学習なし」という実態と批判を生む結果となった（小針 2018: 142-143）。そこで以下の節においては、改めてデューイの教育論に立ち返り、日本が教育政策史の中で目指そうとして挫折してきたものが何であったのかを明らかにし、現代的な文脈での再評価を試みることとしたい。

4 | デューイの教育論からみるアクティブラーニングのあり方

（1）学習を社会的な文脈で捉え直す

　既述のように、ここでは、能動的で深い学習を促す3要素として、3つの原則を掲げたい。それは、第1に「他者との関わり」を通して対象世界を接すること、第2に、そこで学んだものを既知の知識や既有の経験と結びつけること、第3として、そのような学習がこれからの人生という未来へと接続するものとなることである。これらの要素は、デューイ（1938=2004）が示した経験の原理、すなわち経験の連続性と相互作用にも重なるものである。デューイは、教育は生活経験の中に見出されるという考え方に基づいて、経験の価値を図る基準を示した。その基準こそが連続性と相互作用である。この2つの原理は密接に結びついており、経験とは何か、教育的経験と非教育的ないし反教育的経験との違いは何かを考える基準となっている（Dewey 1938=2004: 78）。すなわち、教育的に価値ある経験は、自然や社会や文化等を含む環境との相互作用の中から形成され、現在において過去と未来に繋がりをもたらす。そしてデューイは、学習者が社会的環境の中で他者と共に経験と教材を共有しながら、生活と科学を結びつける学修を実現する教育を目指した。

　デューイの学校教育批判は、19世紀後半のアメリカ社会における伝統的な学校のあり方に向けられたものだが、現代日本の学校の実状においても共通する要素を見出すことができる。例えばデューイは、学校を個人主義的な立場から眺める傾向を批判した。そのような視野の狭い観方を拡大し、社会的な観点から学校教育を理解すべきだと主張している（Dewey 1915=1998: 62-63）。

　デューイは「教育における浪費」を問題視しているが、その浪費とは「物事が孤立させられていることに起因」するものである。ここでは、「学校制度の様々な部分が相互に孤立しており、教育の目的に統一性が欠落していることや、教科の学習と方法との一貫性が欠如していること」などを意味している

(Dewey 1915=1998: 126)。その結果として、「子どもが学校の外で得られる経験を、学校それ自体の内部でどのようなかたちであれ、十全かつ自由に有効に利用することが、ほとんどできていない」という。これこそが、学校で生じている大きな「浪費」である（Dewey 1915=1998: 135）。

　それでは、この「浪費」問題はどのように解決できるのだろうか。学校制度のいろいろな部分を統一する唯一の方法は、「その各部分を生活に統合すること」である（Dewey 1915=1998: 134）。デューイによれば、「たんに事実や真実を吸収するというだけのことなら、それはひとえに個人的な事柄である」ために、「利己主義に陥りがち」になる。つまり「たんなる学識の習得には、なんらの明白な社会的動機もない」。そこでは「どの子どもが他者に先んじて、最も多量の知識を貯え、蓄積することに成功したかをみるために、復誦あるいは試験の結果が比較される」に過ぎない。さらには、「学校での課業において、ある子どもが他の子どもに手を貸すことは、学校犯罪になってしまうほどである」と述べられている（Dewey 1915=1998: 73-74）。

　以上のような、伝統的な学校教育に対するデューイの批判は、直接には大学に向けられたものではない。しかし、大学教育だからこそ、「生活」から一層の隔絶を強めた高度な学識を修めるための授業や教育に陥りやすい面がある。特に教養教育課程では、学生の視点から見てその内容や方法が生活から「孤立」したものであればあるほど、学生はその学修に意義を感じられない。そして、学ぶ意欲を失っていく例が散見される。教育における「浪費」の問題について考えるべきであるというのは、現代日本の大学教育においても例外ではない。

（2）アクティブラーニングの教育原理

　学校教育を「生活」から孤立させないようにするには、どうしたらよいのだろうか。そのための方法としてデューイは「仕事」（occupation）の導入を主張する（Dewey 1915=1998: 70）。ただし、ここでの「仕事」とは、一般に労働と重ねてイメージされる類の仕事ではない。デューイによれば、学校における「仕事」は、日常的な業務を単に工夫するだけ、様式を整えるだけであった

り、あるいは特定の技能の上達を目指すものであったりしてはならない。そうではなく、「自然の材料や自然な過程に対する科学的洞察力が活発になされる拠点」であり、「人間の歴史的発達の認識へと導かれる出発点」になることこそが、「仕事」の意義だとしている（Dewey 1915=1998: 78）。

　つまりここでいう「仕事」は、何らかの職業のために教育するのを第一義的な目的とするような作業や実習ではなく、仕事の目的が仕事自体にある。換言するならば、学習されるべき観念と、その観念が活動の中で具体化されたものとの間の相互作用から生じる学習者の成長それ自体を目的とするものである（Dewey 1915=1998: 206）。よって、学校における「仕事」は、「経済的圧力から解放」され、「狭い功利的な考え方から解放され」、そして「人間精神の可能性が開かれている」ことが重要である。このような「仕事」は、生活との結びつきを保ちながらも、科学と歴史とを学ぶ拠点となる（Dewey 1915=1998: 77）。以上のように、「仕事」とは一種の活動様式であり、感覚と思考の双方の訓練にとって理想的な機会を提供し、経験の知的側面と実践的側面とのバランスを維持する（Dewey 1915=1998: 205-207）。

　大学において導入可能な「仕事」とはどのようなものだろうか。社会に存在するあらゆる活動が潜在的には「仕事」となり得るが、そのために必要な設備・備品や材料、人的・組織的な環境を大学の中に導入する段階において、それが困難な場合も多い。しかし、実現可能な規模や方法の範囲内で構成されるがゆえに、社会的に見て疑似的な活動になったとしても、教育的な意味が失われるわけではない。

　例えば、歴史の意義を学ぶためのアクティブラーニングとしては、もちろん古代ギリシアの遺跡を直接訪れることも有効かもしれない。しかし、すべての学生にその機会が提供できないという理由によって、アクティブラーニングとして歴史を学ぶ可能性が失われるわけではない。例えば、自らの家族の歴史を知ることを通して、あるいは自分の人生を振り返ることを通して、主体的かつ対話的に、歴史の意義に触れることはできる。自分の家族の歴史を起点として、それが人類の歴史として古代ギリシアの遺跡ともつながっているのだと意

識できた時に、「生活」と「科学」が一体となる。このように、自身のルーツとしての歴史を入口としながら人類の歩いてきた歴史の意義を捉えることも、学生にとっては、より強く「生活」と「科学」を結びつける契機となるかもしれない。

(3) 学修における「興味」と「思考」

　アクティブラーニング型授業においては、グループ・ディスカッションやプレゼンテーションなどの方法で、学生に「話す」ことを課す場合が多い。しかし、授業の中でそれを「課す」という行為それ自体によって、特に話したくないのに話さなければならない状況がつくられ、結果として当人の意思に反して「話させられている」だけになっているとすれば、それは本質的には全くアクティブラーニングではない。

　アクティブラーニングが奨励され、一方向的に知識を教授するだけの教育方法は非難の対象に晒されている。しかし実際には、大学における少なからぬ授業で、そのような一方向的な方法が堅持されている。その理由としては、しばしば「知識のインプットがないのに、学生の意見やアイデアをアウトプットさせても意味がない」と言われることも多い。では、学生に沈黙を強いるのでもなく、同時に、強いて話させるのでもなく、「話すこと」がもっと生き生きとした実り豊かなものとして教育の中に生かされるためには、どうすればよいのだろうか。

　そこで、ここでは「興味」（interest）と「思考」（thinking）の2つのキーワードから、この問題について考えてみたい。教育に導入される「仕事」を通して学習者は何らかの経験を形成することとなるが、その経験が真に教育的なものになっているかどうかを考えなければならない。デューイは、教育とは活動的で建設的な過程であるという一般理論が、実践では全面的に無視される状況を憂いている。経験とは、外部からの統制を押しつけたり、個人の自由を制限したりするような方法ではなく、個人の内部で進行しつつあるものに従わせてはじめて、真の経験になるという（Dewey 1938=2004: 58）。つまり、経験が

個人の内面にある「興味」や「思考」と関連づけられることが重要である。

　デューイによれば、「思考」とは、進行中の不完全な情況に関連して生じるものである。思考は探究の過程であり、調査の過程である。よって思考には半知半解の中間地帯がある（Dewey 1916=1975: 235-237）。このように「思考」とは本質的に中途半端な状態にあるものだが、すでに獲得された知識により統制されることで、実り豊かなものとなる（Dewey 1916=1975: 239）。

　一方の「興味」について、デューイは、語源的には「間にあるもの」「もともとは離れている2つのものを結びつけるもの」を暗示しているとする（Dewey 1916=1975: 204）。「間にあるもの」とは何と何の間にあるのかが気になるところだが、教育において埋められるべき間隔とは、時間的なものであるという。その時間的な間隔とは、学習においては、学習者である学生の現在の能力が最初の段階であり、教師によって設定される目標が遠く未来に向けた極限点である。教育とはこの間の中間的状況にあり、その教育課程で行われている活動が、学習者の描く目的に発展するものである場合には、「興味」が喚起される（Dewey 1916=1975: 205）。「興味」とは、目的を持つあらゆる経験において対象が人の心を動かす力を意味し、その対象とは実際に知覚されるものでも想像に現れたものでも構わない（Dewey 1916=1975: 209）。

　以上より、「思考」とは進行中の不完全な情況において生じる探究の過程であり、「興味」もまた、学習者の現在の能力と、未来に向けた目標との中間に存在し、両者を時間軸の中で結びつけるものと言える。以上を踏まえると、「思考」と「興味」は、いずれも過去と現在、現在と未来をつなぐものであり、過去や現在においてすでに知っていることと、未だ知らないが未来には知りたい何らかの間をつなぐものである。

　そこでここでは「思考」と「興味」を次のように定義する。「思考」とは、既知と未知をつなごうとする認知的な働きかけであり、「興味」とは、既知と未知をつなごうとする情動的な働きかけである。両者には本質的な違いがあるものの、一方は他方に関連しており、両者は相乗効果をもたらす。つまり、アクティブラーニングのデザインを考える上で、「思考」と「興味」の両面を考

慮する必要がある。

　私たちの「興味」は何に由来して生まれてくるのだろうか。当然ながら、個人によって興味の所在が多様である点は否めない。ただ、人間としての「本能」や「衝動」に由来する行為に対しては、多くの人々が興味を持ちやすい。デューイは、教育で利用可能な4つの「衝動」を次のように指摘している（Dewey 1915=1998: 107）。第1は、社会的本能で、言語的本能とも表現される。経験を他者と共有したい衝動のことで、基本的には、他者とのコミュニケーションの中に示される。第2に、構成的衝動である。これは、ものを作りたい、捜索したいという衝動のことである。第3は、探求本能である。人には、物事を試してみたい、またその試した結果を見届けたいという衝動がある。この探求の衝動は、社会的本能と構成的衝動の結合から生じるとされる。第4に、芸術的本能である。これは表現する衝動を意味し、他の衝動を洗練させた形態として表出する。

　例えば、教育の中で行われる「復誦（レシテーション）」を例に挙げて考えてみる。デューイは、教科書にある知識を覚えこみ、その量を教師や他の学生に示すだけの復誦には意義を見出さない。しかし、学生の社会的本能を利用し、自由なコミュニケーションをもとに活動へと転化させるのであれば、効果的であるとする（Dewey 1915=1998: 115）。例えば、教科書や教材の内容を読んでそれを暗記して復誦するのではなく、その内容についての感想や疑問点などを自由に相互に話す活動につなげられるのであれば、効果的であるに違いない。

　以上を踏まえると、重要なのは、以下のような点であると考えられる。それは第1に「衝動」をうまく利用した形で「仕事」を構成し、その「仕事」を授業に導入することによって「興味」を引き出すことである。第2に、そのような「仕事」を通して、教員と学生、あるいは同じ環境で学ぶ学習者同士で協同して「思考」し、未来に向かう目的の形成を促すことが肝要である。そこでの教師の役割は、目的を与えることではなくて、学生自身が目的を形成できるように、継続的ないし構造的な指導と支援を行うことである。

（4）アクティブラーニングにおける受動的側面の意義

　アクティブラーニング型の授業では、とかく学生の「能動性」が強調され、その中でしばしば、教員の指導性が軽視ないし敵視される。しかし現実には、授業という制度的構造の内部で行われる活動である限り、どこまでも学生側には受動性が内在する。しかし、デューイによれば未成熟とは「成長する力」であり、ここでいう受動性も、成長や発達を伴う積極的なものとして評価すべきである（Dewey 1916＝1975: 76）。

　「訓練」（discipline）とは、一見すると不自由なもののように思われがちである。しかし実際には「興味」と相互に関係を持つものであり、決して対立するものではない（Dewey 1916＝1975: 208）。しかし、失敗するアクティブラーニングの実践においては、両者が対極的に捉えられ、「興味」のみに寄り添った自由を強調する傾向がある。

　言うまでもないことだが、アクティブラーニングを実現するには、学習者の「興味」を喚起することが有効である。「興味」のあることに対して人は能動的に学び、その過程で多くの「思考」が引き出される。一方で、学習者にとって興味のない状況での「訓練」では、「思考」が浅く表面的なものとなる。しかし、「興味」だけで「訓練」が伴わない活動も同様に、「思考」を浅いものにさせてしまう。デューイ（1916＝1975: 208）は、「訓練」を通して獲得される能力を知的に高める上では学習者の「興味」が不可欠であり、「興味」は粘り強く「訓練」を実行するために必要であるとしている。

　ただし、当初は「興味」を感じられなかったことに対しても、努めて学ぶうちに次第に「興味」が後発する可能性は大いにある。この場合は、何かしらの受動的な「教育」や「訓練」が先行し、その中で能動的な「思考」が引き出され、それが蓄積された結果として「興味」が生まれるようなものと言える。

　デューイは、「経験」には、自らが行動し試行するという能動的な側面と、その結果を被るという受動的な側面があり、両者の関連こそが経験の価値の尺度になる点を強調した（Dewey 1916＝1975: 222）。ただし、このような受動的

な側面が不可欠であるとしても、「興味」のない状況に対する改善策として、大人の要求するやり方に無批判に従わせるような、身体的・心理的統制を与える方法は不適切である（Dewey 1916=1975: 208）。例えば、「指示に従わなければ単位を出さない」「遅刻をしたら教室に入れない」等の脅迫を伴った管理がこれに該当するのではないだろうか。そうではなく、学生自身に「思考」させて自らの行為や行動への熟考を促し、その行動に、学習が向かうべき先にある目標を浸み込ませることが必要である（Dewey 1916=1975: 208-209）。

　予め「興味」が喚起されていない状況においても、「目的」を形成できれば、そこから「興味」が引き出される。デューイは、「目的を形成しその目的を実施する手段を組織立てるのは、知性のはたらきによる」ものであり、「学習過程で学習者の活動を導くような目的を形成するさいに、学習者が参加することの重要性が強調」されるべきと述べている（Dewey 1938=2004: 105）。

　ここでいう「目的」とは、どのような意味であり、それは経験の中でどのように機能するのであろうか。デューイによれば、「目的」とは「終局への見通し」である。この「目的」には「衝動」に働きかけることから生じる結果への見通しが含意され、そこには知性の作用が含まれる（Dewey 1938=2004: 106）。「衝動」によって駆動された経験の中で「思考」を働かせること、つまり思考するという知的な行為を通して「目的」を形成することが、教育的な経験を実現する上で重要な点である。換言すれば、教育的な経験においては、単に「このような活動をしたい」というような「衝動」を生じさせるだけでは不十分である。「衝動」とはあくまでも活動の契機にすぎず、それ自体が最終的な「目的」にはなり得ないからである（Dewey 1938=2004: 113）。

（5）教師の役割としての「指導」とは何か

　教師の仕事とは、教育に利用できる「衝動」が学生の中に生じた際に、それを好機として教育的に利用するタイミングを見定めることである。つまり、教師による「指導」は、学生の自由を制限するものではなく、むしろ自由を助長するものである（Dewey 1938=2004: 113）。

学生は、未成熟な存在である。しかし、デューイが指摘するように、「未成熟」とは、「成長する力」を意味する（Dewey 1916=1975: 76）。未成熟の可能性を消極的なものと仮定するのは危険である。「成長の完遂」ないし「完成された成長」とは、すなわち、「もはや成長することのなくなった何者かを意味する」からである（Dewey 1916=1975: 75）。

　デューイによれば、学生の活動を、学生自身の目的ではなく、教師の目的に沿った方針に強制的に追い込むことは可能である。しかしそのような危険を回避するために、次の2点が重要であるという。第1は、教師が学生の能力や要求、過去の経験について、知的な意味で認識している必要がある。第2は、学生が集団の成員として役割を分担し、その役割が全体に貢献し、さらにはそれが教育の計画立案の段階に対してもフィードバックされることである。教育における計画とは協同でなされるべきものであり、一方が他方に指図するようなものではない。重要なのは、協同により構築される社会的知性を通じて「目的」が形成されることである（Dewey 1938=2004: 114-115）。他のすべての学校と同様に、大学においても、制度上、授業そのものの目的や目標は教師主導で立てざるを得ない。しかしそこで学ぶ学生が、その目的や目標の設定に一切関与してはいけないということではない。これは、シラバス等で予め授業の目的を明記することを否定しているのではない。学生による授業選択の際に参照されるべき目的は先に教師が設定したとしても、受講すべくそこに集う学生個々の中にも目的がある。そこで、両者の対話を通して個々の目的を再編成する可能性を排除する必要はない。

　教師の役割である「指導」（direction）とは、同時的であるとともに経時的であり、空間的でも時間的でもある（Dewey 1916=1975: 49）。同時的・空間的には、ある一時点において作用している学生の「衝動」を、分散したままにするのではなく、特定の「目的」に向けて集中させることが「指導」の一つの役割である。他方、経時的・時間的には、現在の動作を、先行する動作や後続する動作と釣り合わせ、その一連の動作に連続的順序を取り入れることが「指導」である（Dewey 1916=1975: 48, 72）。デューイは教師による「指導」に関

連して、こうも警告している。それは、「他人の慣習や規則からくる統制は、近視眼的になる」ことがあり、「それは、その当面の結果を成就するかもしれないが、その人のその後の行動の均衡を失わせるという犠牲を伴う」というのである（Dewey 1938=2004: 50）。

　以上の点を踏まえると、教師が「自分にはこの方法がやりやすいから」という理由だけで学生に特定のルールや方法を強制することには、留保が必要である。無論、学修の方法について主体的な方針を持たない学生に対しては、提案や助言、推奨をすることは有益であるに違いない。しかし、それが近視眼的なものに陥ってしまった場合、たとえ授業の枠内において短期的な成果を得られたとしても、結果としては学生の履修後の行動の均衡を失わせ、彼らの経験に負の連続性を生む危険性を孕む。

　おそらくは、学生が教師の指示する行為（もしくは禁止する行為）に反した場合に、教師が当該学生を強く叱責したりする行為についても、同様と言える。即時的には統制が果たされ、短期的には教師側にとって望ましい結果を得られるかもしれないが、未来に向けた「目的」に照らして教育的とは言えない。それは、「先生に叱られるから」「単位が欲しいから」というような外発的動機づけを強化するという理由というよりも、学生のその後の経験の質を受動的で抑圧的なものへと歪め、自発性や主体性、そして創造性や挑戦心を損ねてしまうがゆえに、問題である。そうではない教師の「指導」の意義とは、学習者である学生に対して、学生自身の能力を伸ばし、活動を通して触れる事象や材料や装置の「社会的意味」を習得できる機会をつくり出すことにある。

（6）学習のための効果的な環境を整える

　教育は生活経験の中に見出されるとするデューイの考え方を素朴になぞるのであれば、極論、大学を含めた学校という環境が不要だと言っているように聞こえるかもしれない。しかし、デューイが明確に述べているように、教育においては「環境」が重要であり、教育を目的として編成された「学校」という環境には大きな役割がある。デューイによれば「環境」とは、個体を取り巻く周

囲の事物というだけでなく、各個人が持つ独自の活動傾向に対して周囲の事物が持つ、特定の連続関係を意味する。あらゆる生物にとっての環境とは、その生物に特有の活動を助長したり、妨害したり、刺激したり、抑制したりする諸条件から成り立っている。水が魚の環境であるのは、それが魚の生活と活動に必要だからであるように、環境とは、生活の中で、活動を維持したり挫折させたりする条件として入り込んでいる（Dewey 1916=1975: 26-27）。

　デューイは、教育とは環境を統制することであり、環境によって間接的に教育するのであって、決して直接に教育するのではないとする。そして、偶然的な環境に委ねるか、教育を目的として環境を設計するかが非常に大きな差異を生じさせると強調している（Dewey 1916=1975: 39）。他者と学ぶ環境とは、つまり社会的である。そのようにして形成される社会的環境において特定の個人に何ができるのかは、他者の期待や要求や賛否に依存して決まる（Dewey 1916=1975: 29）。社会的環境においては、直接的にせよ間接的にせよ、他者の存在を考慮に入れることなしには自分の活動を遂行することができない。あるいは、仮に遂行したとしても、様々な制約や障壁に直面する結果となるだろう。ゆえに、このような社会的環境において私たちは、自分がどのような存在で、どのような役割を担い、何ができるのかを、望むと望まざるとにかかわらず、知ることになる。

　デューイは、いかにして社会的な生活環境が未成熟者を養育するかについて言及し、それがどのようにして外面的な行動習慣を形成するかを知ることは難しくないという。なぜならば、犬や馬であっても、餌や轡や手綱なども利用して一定の環境を作り出せば、行動が制御されるからである。そして人間の行動もまた、同様の方法で改変することができる。しかし、それは外面的な行動の変化のみを指しているのであって、教育の成果として期待される知的・情緒的な成長や変容とは区別すべきものである（Dewey 1916=1975: 28-29）。

　特殊な環境としての学校は、特殊な様式を持った社会的環境であり、そこには3つの特殊な機能が備わっている（Dewey 1916=1975: 39）。その3つの機能というのは、第1に、単純化された環境を提供することである。教育が生活経

験の中にあるとしても、文明や社会は複雑すぎて丸ごと学ぶことはできないため、部分的に解体され、漸進的・段階的なやり方で少しずつ学ばれなければならない。第2に、現存する環境に含まれている無価値な諸要素をできるだけ取り除き、純化された行動の環境を設立することである。学校は、あらゆる社会が抱えている邪悪なものなどを取り除き、社会的環境の中でよりよい未来社会に寄与するものだけを伝達していく責任がある。第3の学校環境の任務は、各個人に対して、自分の生まれた社会集団の限界から脱出して、いっそう広い環境と活発に接触する機会を得られるようにすることである。いろいろな民族の、様々な宗教、異なった慣習を持った若者たちを学校で混ぜ合わせることによって、すべての者のための、新しくていっそう広い環境が創り出される。同時に、そこで共通の教材が与えられることによって、すべての者が、孤立状態に置かれた集団の成員が持ちうる視野よりも、より広大な視野に立つ統一的な見地に慣れていくのである（Dewey 1916＝1975: 40-43）。このように、大学を含めた学校においては、教育を目的とした社会的環境が意図的に形成され、漸進的・段階的なものとして学習過程を単純化し、未来社会の構築に向けて望ましくない不純で邪悪な要素が取り除かれる。その上で、民族・宗教・慣習等において多様な社会的背景を持つ若者たちに共通の教材と共通の環境を提供することで、そこで学ぶ学生たちは、各出自のコミュニティに閉じていた場合よりも、いっそう広い視野を獲得し成長することができる。

5 ｜ 授業の実践例：「学習理論入門」

（1）授業のねらい

　以上のようなデューイによる教育論を踏まえて、筆者が担当する実際の授業においてどのようにそれを応用し、効果を期待し、あるいは実践において課題が生じたかを見てみることとしたい。ここで紹介するのは、東北大学ですべて

の学部の学生が受講する教養教育課程における授業の一つである。その受講生の大半は初年次学生である。

　授業をデザインする際には、学士課程教育の早い段階で学生が自律的で主体的に自らの学習を進めていけるような能力やスキルの育成を重視している。そこで、前期セメスターに開講する主に初年次学生を対象とした授業としては、論証型のレポートを中心とするライティング能力の向上と、その過程にある思考と表現に主眼を置く授業を実施した。

　ライティング能力の向上を目指す授業として、受講学生は書籍や論文などの文献を「読み」、それを基にして「思考」し、思考した内容を他者に伝えるために「書く」。これらの行為を通して深く読解・思考し、正確に表現する経験をする。一見すると文献を「読み」、そして「書く」という行為は個人主義的方法による学習形態であるように思われるかもしれない。もちろん当該授業においても、学生の学習者としての主体性や能動性を醸成するために、個人個人が自律できるようになることを目指している。しかし同時に、この授業のデザインにおいては社会構成主義の学習観を前提としており、「対話」による協同的な学習を促している。よってこの授業では、個人での学習を行う場面は授業時間外での事前学習に独力で取り組んでいる時間をおいて他にはほとんどなく、授業全体を通して主体的で対話的な学習を中心に置いている。

　この授業デザインの背景には、個人としての自律は社会的な環境の中でこそ育まれるという考え方がある。予め文才のある学生たちであっても、大学の多くの授業で課されるレポートの執筆には、大きな不安や戸惑いを持っている。それを、個人個人の努力によって習得させるだけでなく、同じ授業の受講生同士での対話的な学習を取り入れながら、独善的な文章でもなく、かといって誰かの文章を剽窃したりもしない、適切な書き方を習得することをねらいとしている。

　当然ながら、大学に入学したばかりの初年次学生の多くは、教員が期待する水準のレポートが書けない。高校以前までは、いわゆるアカデミック・ライティングと言われるような文章の書き方について、誰にも教わる機会を持たない

場合が多いからである。それは、個々の学生が、主観的な意味で文章を書くこと一般を得意と感じていようが、苦手意識を持っていようが、ほとんど関係ない。授業を通して習得しようとする目標に向けたスタートラインとして差がないだけでなく、その後の習得に至る道程においてもほとんど影響しないように思われる。それよりも、学生にとっての学修の成果は、ライティングに対してどれほど「興味」を見出せるか、そして、その過程でどれほど「思考」が引き出され、それらを整理できるかに依存する。

（2）授業の概要と構成

　当該授業は、教養教育課程の科目「人間と文化」の一つとして、「学習理論入門」という題目で開講している[2]。上記のように、授業デザインの上では、大学生に要求されるライティング能力を習得させることを主な目的の一つに据えている。ただし、それは授業における学修の方法や手段となっている。つまり、ライティング能力の習得は、授業を通して取得を目指すべき能力として掲げられてはいるが、それは学修した内容を「伝える」ための手段や方法として位置づけられている。他の多くの授業においてもレポート課題が出されているが、この授業では、そのレポート課題の書き方を授業の中で詳細に指南しているに過ぎない。当該授業における学修の目標は、様々な学習理論を学修することにより、大学生活を通して得られる様々な経験を通して主体的に学ぶ意味を、自ら探究することである。ゆえに、学生に開示しているシラバスでは、到達目標を以下のように設定していた。

①学習に関する理論の基本を正確に理解する。
②自分に身近な学習の現状・課題・今後の展開について、自分なりに分析し意見を述べることができる。
③自らが学習支援者となって社会における学習を支援することができるよう、展望・目的意識を持つ。

ただし、このような書き方だと授業を通して具体的にどのようなスキルや能力が習得できるのかが学生に伝わらない。「書く」ことは目的ではなく手段であるが、しかし包括的な能力を修得した1つの成果として「書ける」ことは重要である。次年度のシラバスにおいては修正する予定である。

　この授業では、大学で学ぶとはどういうことかを考え、自分なりに考えを整理することに焦点を当てている。「学習」をどう理解すべきかには、予め一つに定まった答えがあるわけではない。学生がそれまでの自分自身の経験から得てきた「学習」の捉え方を振り返ることで、状況に応じて多様に構成される文脈やコミュニケーションの観点から、「学習」とは何かについて学生が理解を深めることを目的としている。

　そのために、受講生には、①社会における学習をどう考えるのか、②そのような学習がなぜ必要なのか、③そのような学習をどのように促し、支援するのか、という3点についての考察を期待する。これらを考えるために、まずは学習理論および関連理論の基本を確認し、その理論を受講生が自らの経験と結び付けて理解できるように、様々なワークショップを取り入れ、積極的な参加や発言・傾聴を促している。

　1回の授業時間が90分であるという制約のため、授業時間内には、学生同士の議論や対話にできる限り多くの時間を割くようにしている。そこで、知識習得の部分については、毎週の予習課題として課す。関連文献を読んで、そこから理解した点や疑問に思った点を抽出する宿題を課し、次の授業で提出させる。関連文献は、教員が指定してコピーを学生に配布する場合もあれば、学生自身が関連文献を探し出して読み、その文献について理解した点や疑問に残った点を抽出してくる課題とする回もある。

　この授業の成績評価は、毎週の予習課題を含む平常点（30％）、4回の論証型レポート課題（50％）、そして、期末に提出してもらうリフレクション・ペーパー（20％）によって行った。2019年度は、同じ授業を異なる学部の学生に向けて2コマ開講し、一方のクラスの受講生は約45名（文学部、法学部、経済学部、教育学部、理学部、農学部）、他方のクラスの受講生は約60名（医学

部、歯学部、薬学部、工学部）であった。

（3）授業デザインの工夫と課題

①「他者」と出遭い「多様性」を発見する社会的な環境醸成

　本書は「他者」や「多様性」をキーワードとしているが、この授業を受講する学生の中でどれほどの多様性があるのかと疑問に思われるかもしれない。45名、60名程度の学生がこの授業を共に受講し、同じ教室に集っているとはいえ、同じ大学に通う、ほとんど同じ学年の大学生である。教養教育課程の授業ということで、一方のクラスにおいては文系学生と理系学生の両方が一緒に学ぶ形となっているが、もう一方のクラスは全員が理系の学生で、さらにその多数は工学部の学生という構成になっている。この授業の使用言語は日本語であり、留学生の受講は一方のクラスの1名のみであった。ゆえに、同じ大学に通う日本人学生の1年生が圧倒的多数であるというクラス構成である。社会的属性だけを見て測るならば、「多様性」が高いとは言えないどころか、極めて同質的な集団である。

　しかし、それでも学生同士は「他者」である。グループでの話し合いを通して、学生たちは、個々から表現される意見やアイデアや観点の「多様性」に気づき、思考を深めていく。毎回の授業で提出される学生からのコメントにおいても、「自分では思いもよらなかった意見がグループの中で出てきて、とても新鮮だった」「多様な意見が聴けて多くの気づきが得られ、グループワークの意義を強く感じた」というような感想が頻繁に見られる。また、デューイが教育に利用できる4つの「衝動」の第1として紹介した社会的本能の側面からは、自らの経験やアイデアをコミュニケーションによって他者と共有すること自体、本能的に「楽しい」と感じる傾向がある。

　授業という特殊な状況の中では、社会的な環境を自然発生させるのが困難であり、教員が意図を持ってそれを醸成する必要がある。学生が一方向型の授業で教員の講義を聴いているだけの存在であるならば、教室に存在する学生は、その他大勢の中の1人に過ぎないかもしれない。この状況下にある学生は、匿

名性を強いられていると言える。しかし、4〜5人のグループとなり、自己紹介をし、その中で対話的に学ぶ環境が整えられる時、学生一人ひとりは、固有名詞で呼ばれるべき個性を持った主体となる。

　授業の中で、ある学生から次のような疑問が出された。「大学では主体的に学ぶようにと言われるが、『主体的』の意味がよく分からない」というのである。確かに、「主体的」ないし「主体性」という言葉は、大学においては頻繁に耳にするがゆえに、その意味をほとんど疑問に思わないかもしれない。この学生からの問いは、単に辞書的な意味を知らないということではない。授業の中で教師の話をしっかりと聴き、教師の指示通りに宿題をこなし、意欲的に勉強することが、果たして「主体的」と言えるのか、という疑問であった。意欲的に一生懸命に取り組んでいることは間違いないが、すべて教師の敷いたレールの上で走っている感覚があり、それが本当に「主体的な学び方」なのか、分からないというのである。たしかにその意味では当該授業も例外ではなく、教師が宿題を課し、授業時間内においてもワークの内容を詳しく指示し、学生はそれに沿った活動をするに過ぎない。しかしそれでも、すべての学生が一律に教科書の内容をなぞるような勉強ではなく、固有名詞を持った存在として、自分に固有の経験や感性を授業の中で表現することができるのであれば、それは客体として受動的に教育を受けているだけではなく、主体として能動的に学んでいると考えてよいのではないだろうか。

　ただし教師としての「指導」に際しては、可能な限り徹底して、身体的・物理的な強制を回避するようにしている。毎週、宿題を課し、それに評点をつけ、時にはコメントを付して返却する形をもってフィードバックする。しかし、成績評価を公正に行うことは当然とした上で、もし自己都合で宿題を提出しない学生がいても、決して「宿題を提出しないと単位を出さない」というような感情的な脅しや、「早く出しなさい」というような督促はしないように意識している。宿題に取り組むことは、授業を通した学修の効果を上げるために必要であると説明はするが、それに取り組むか、取り組まないかは、各学生の「主体的」な判断に委ねるべきという考え方があるためである。

とはいえ、未だ学生であるため、「宿題を提出しない」ことが真に「主体的」な判断であるとは言えない。例えば頻繁に遅刻や欠席を繰り返すのは、もしかしたら怠惰や甘えの気持ちの結果であるかもしれない。そこで学生を注意しないのは、それこそ教員側の怠惰であるという考え方もあるかもしれない。しかし、そのような怠惰や甘えの結果として単位が認定されず、学生自身が後々にそれを「失敗」や「挫折」としてふり返る経験になるのであれば、それもまた教育的な経験となり得る。

「失敗」や「挫折」はできる限り避けたいものでもあるが、人が成長し発達する過程には、必ず必要なものでもある。学生であればこそ多くの「失敗」や「挫折」も経験するだろうが、それをしっかりと振り返る（省察する）ことこそが重要である。よって、遅刻した学生だけを叱責するのではなく、すべての学生に向けて、「なぜ遅刻することは良くないのか」を考えさせ、自らの言葉で自らを律することのできるように促す方が有益である。ただし、その「失敗」や「挫折」が、他の学生の学修を妨げるものである場合には、その場ですぐに諌めるなど、対応する必要がある。最低限の教師の役割とは、授業の場がすべての学生にとって集中して学ぶことのできる場、安心して自己開示できる場になるよう気を配ることである。

②生活と科学を結びつける「仕事」

アクティブラーニングの実践に向けられる批判に、活動ばかりが先行してそこに学術的な知識やスキルの習得が欠落するという問題が指摘される。この批判を踏まえて、この授業では、大学生がまさに各自の大学生活において考えるべき問題である「大学で学ぶとはどういうことか」という問いを考えることに主眼を置いた。そして、学習を社会的な文脈でどう捉えるのか、社会において大学がどのような位置にあり、大学生の学びとはどうあるべきかを問うところから授業を開始した。授業では、学生の生活と大学で学ぶべき科学をつなぐ工夫を意識的に行っている。ここでの「生活」とは個々人にとって非常に具体的な生活経験の全体を意味し、「科学」とは、高度に抽象化された一連の学術的

な知識体系を指すこととする。

　前節で紹介したデューイの教育論に従うならば、この授業で導入する「仕事」とは、直接的には「レポート作成」であり、そこには、完成に至る一連の過程も含む。「書く」ことは、単に紙面に文章をつづることだけを意味しない。レポートを「書く」という仕事には、社会や学術と関わる上で必須となる倫理や、社会的環境の中で様々な他者と出会い、対話を通して多様な考え方に触れ、自分自身の考えを洗練させていく一連の過程を含んでいる。これから大学で学ぼうとする初年次学生にとって、アカデミック・ライティングは、できる限り早期に習得しなければならないスキルでもあり、また大半の学生にとっては必ず通ることになる卒業論文や修士論文の執筆に向けた準備にも位置づく。レポート作成という「仕事」を通して、学生は他の学生たちと目標を共有し、助け合い、励まし合いながら、その後の大学生活やその先にある社会とのつながりを意識していく。

　学生に日常での「生活」を意識させるような内容で授業を構成することは、筆者の専門分野が成人学習論・生涯学習論にあるという偶発的な要素により可能になっている面もある。たしかに教育学を含む社会科学分野は、人々の「生活」との関連を説明しやすい条件にある。

　ただし、すべての科学において、人々の生活や人生や感性と一切無関係に成立している分野は存在しないはずである。なぜなら、科学の各分野それ自体が意図をもって人為的に確立されたフィールドだからである。科学の基盤は、基本的に、人々の好奇心や使命感に支えられている。ゆえに、人が日常の生活において知覚ないし想像しうる文脈で、あるいは人生の特定の時期に必ず迎えうる出来事、あるいは確率論的に直面しうる極限の状況などを想像しながら、科学と向き合う機会になるよう授業をデザインすることは必ず可能であると考えられる。そして、そのような授業デザインが望まれる。

　先述の通り、この授業においては成人学習に関する諸理論を中心とした「学習理論」の基礎的な理解を目指している。さらに、そのような理論を踏まえながら、学生各自の学習活動や学習習慣をふりかえることを促している。大学で

の学修内容、とりわけ自らの専攻分野ではない教養科目は、しばしば学生自身の興味や生活とは乖離し、「単位を取得するため」というだけの動機にのみ駆動されて学ばれる。そして、興味や生活と乖離する限り、その知識は単位取得後に忘却に追いやられる。このような「単位を取得するため」だけの学修状況は、学生にとって教育における「浪費」となる。

　それでは、具体的な授業の場面において、どのように学生の「生活」と学術的に習得すべき「科学」とを接合すればよいのだろうか。授業においては、2つの点から、両者を結びつける工夫をしている。1点目は、学術的な知識と結びつけながらも、学生の生活や関心と結びついた内容をレポート課題のテーマに据えている。この授業は、教育学における成人学習論や生涯学習論を中心に組み立てている。大きくは4つのテーマによって構成され、各テーマに沿ったレポート課題を出した。その4つのテーマとは、第1に、大学生への学習支援の是非を問うものである。大学生の学びの理想と実態はそれぞれ、子どもの学びか、それとも大人の学びかを考察した上で、大学生による大学生のためのピアサポートによる学習支援は必要かについて、学生が各自の視点から考察するレポートとした。この過程で、そもそも「大人」とはどういう意味で、どういう存在なのかについても議論を深めることを期待した。第2のテーマは、経験と教育との関連についてである。その前提として、私たちはどのような経験から、どのような学びを得ているのかを振り返った。その上で、留学、インターンシップ、ボランティア活動等の経験の中から一つを取り上げ、その経験を在学期間中にすることの意義について論じるレポートとした。第3は、大学での学習における友人の存在の意義についてである。一般的に友人の存在は重要と考えられているが、大学での学習を自ら定義した上で、その学習において、質と量の両面から友人の存在がどのような影響を持つのかについて、各自の視点から考察した。最後に、学習における「ことば」の役割について検討した。言語学的・心理学的に見れば、語彙や語意が学習に及ぼす機能は、単に何かを伝達するというだけでなく、概念やアイデアを構成する上でも重要である。レポートとしては、社会構成主義的な学習の具体的な場面を各自が措定し、その中

で「ことば」に関連する問いを自由に立て、自らの意見を論じる課題とした。以上のようなテーマは、次年次学生に一切の「指導」なくして課題とした場合、往々にして感想文が提出されやすい。そこで、事前に学術情報の探し方を授業の中で教え、宿題として読ませ、先行研究を踏まえたレポートとするよう求めている。

次に「生活」と「科学」を接合する工夫の2点目としては、授業の組み立てにおける工夫である。授業時間内に行うグループでの話し合いにおいて、まずは導入としてのアイスブレイクを行い、その後に教員から出す話し合いのテーマや問いの順序にも配慮する。学生の反応を見ながらファシリテーションを行い、柔軟に対応するようにしている。事前の知識習得をほとんどすべて授業時間外に予習課題として課しているため、授業時間内には多くの時間を学生同士の話し合いに費やすことができる。その上で、どのように学生同士で話し合いを行わせるかが重要となる。

教員は、その場での学生の学修を促すファシリテーターの役割を担う。ファシリテーターとしては、事前の準備段階においても授業時間内の構成を工夫し、いったん仮のタイムスケジュール案をつくる。例えば、「成人学習」の特徴を理解した上で、大学生の学修の理想と実態がなぜ、どのように「成人学習」と関連するのかを考える授業回があった。授業の冒頭に導入するアイスブレイクでは、「今まで出会った素敵な大人は？」というテーマで各自にグループ内で話してもらった。そこから、学生各位が思い描く理想的な「大人像」へと思索を深めさせる。毎回のアイスブレイクのテーマは、関連しながらも学生が深く悩まなくても話しやすいものを選ぶようにしている。このようなアイスブレイクを通して、学生同士の毎回の関係構築を図るとともに、授業に臨む意識や態度を整え、思考する準備とする。

ただし、どのように綿密に事前準備を行っても、学生からは想定していなかった反応が返ってくることもある。その場合は、授業の流れを再編成する柔軟な対応ができるようにもしておく。

③能力育成と評価のジレンマ

　このように教師側が工夫を凝らしても、それがすべてにおいて効果的なことばかりとは言えない。時には、教師側としても持続可能なことばかりでもない。この授業では授業時間外に学生が取り組む予習課題に知識習得の大半を組み入れ、加えて、セメスターで4回に及ぶレポート課題も出すという形態で実施したが、残された課題も多かった。

　学生に課す課題が多くなるということは、学生にとって心理的負担を増加させるのみならず、それを評価しフィードバックしなければならない教師にかかる時間と労力も比例して増大することを意味する。そのために、すべてにおいて理想的な状態を維持することは実質的には不可能とも言える。もちろん、授業の進め方に改善の余地があったり、教師の説明に不足や不適切な面があったりした際には、すぐに教師として反省的な対応をすることが重要である。しかし、授業においては学生と教師双方にとっての「持続可能性」を考慮することも同時に必要となる。

　この授業においては、他の同類科目と比べて圧倒的に授業時間外の学習時間が多かったということで、一部の学生からは「課題が多すぎる」という非難や悲鳴も聞こえてきた。たしかに、毎週少なくとも1〜3時間程度かかる宿題を課している授業は、他にほとんどないのが実情である。それでも大半の学生は最後までやり遂げた。それを「大変だったが、自分自身に意味のある苦労であり、最後には自分の力として身についた」「この授業を乗り越えられたので、自信につながったし、今後どのような大変な授業も苦ではないと感じられる」というように、前向きに評価している学生もいる。しかし、すべての学生がそうだったとは言えない。

　東北大学には、多種多様な教養教育科目が開講されている。多様な専門分野の教員が、各自様々な内容と方法で授業を実施する。学生は、各科目群の中から所定の単位数を取得するため、時間割の上で必修科目と重ならない等の履修可能な範囲で、任意の授業を履修することができる。一見すると、多種多様な授業から自由に自らの興味に沿って授業選択できるように見える。しかし、

「自らの興味に沿って」というよりも、「楽に単位が取得できるから」という理由で履修する授業を選ぶ学生も、いないとは言えない。各授業を学生が自由に評価する非公式の「鬼仏表」なるものが存在し、すべての学生ではないが、一定数の学生がそれを参考にしている。ここでの「仏」とは、授業での課題が易しかったり少なかったりすること、授業での評価が甘いこと、楽をして単位を取得できることなどを意味し、「鬼」とはその逆の意味である。

　筆者が担当する別の授業でのエピソードになるが、授業の中で「現状の教養教育科目の課題を整理し、改善に向けた提案を考えてみよう」というグループワークを実施したことがあった。その中で学生から聞かれた声には、「宿題がなく出席だけで単位が取れる授業は、高い成績評価をつけてもらえる。逆に、課題が多くて大変な授業は、成績評価も厳しい。これらが同じ科目として開講されているのだから、成績は高い方が良い。課題が多くて大変な授業の方が自分の力は身に付くが、苦労してC評価になるよりも、楽をしてA評価をもらったほうが合理的だ」という趣旨のものがあった。同一科目名で複数の教員がまったく異なった内容や方法で授業を実施しており、成績評価においては同一科目として扱われるため、このような状況が生じてしまっている。このように、「楽な授業のほうがいい」という学生の履修行動は、実は極めて合理的な選択でもある。単なる学生個人の意識の問題ではなく、構造的な問題なのである。

　これは、教員側にとっても同じである。学生に確かな能力を身に付けさせようとすると、授業時間外に学生が取り組む課題も相応に必要となる。多く課題を出すと、それを評価し学生にフィードバックしなければならない教員にかかる負荷も、当然に増加する。一方で、宿題を一切出さないと、それに対する評価もフィードバックもしなくて済むので、教員側も楽ができる。

　その結果、上記のように、課題の多い授業や教員は学生から「鬼」と評され、課題が少なく成績評価が甘い授業や教員は「仏」と言われる。そして、学生が回答する公式の授業評価アンケートでも、課題が少なく成績評価の甘い授業にした方が、相対的・平均的に高い評価を受けられる。つまり「楽な授業」にした方が、教員にとっても合理的なのである。以上のような学生と教員双方

の合理的選択の末路には、何が待っているのだろうか。

④制度に埋め込まれた受動性

　学生の内面に存在する受動性は、大学教育においては「克服すべき対象」と捉えられがちである。しかし、むしろその状態こそが自然なのであり、受容するところからしかアクティブラーニングは始められない。

　授業が学生にとって選択科目の一つであった場合、その授業を履修することに対してどの程度の時間や労力を割くかの判断も、原則的には学生に委ねる余地がある。当該授業の担当教員の立場としては、学習効果を最大限に高めるための「機会」として、休講のないよう規定回数の授業を実施し、毎回の授業の効果を最大化すべく、毎週、宿題も課してきた。その範囲の中で、学生自身が個別の状況に応じて、そこにかける時間と労力を自律的に判断してもらえればよいと考えていた。しかし、学生からすると、それは自らの意思で選択できる「機会」ではなく、押し付けられる「義務」と感じる傾向があった。つまり、自分の責任と判断で「適度に手を抜く」ことができないために、与えられたものはすべて指示されたとおりに「やらなければならない」と受動的に受け取り、他律的な学修から脱却できないまま終わる学生も一定数いたように感じている。

　もちろんすべての初年次学生がそうであるということではないのだが、それが初年次学生の実情でもあるという点を踏まえて、授業のデザインを考えていく必要性がある。学生の内面にある受動性は、実は授業という仕組み自体に埋め込まれている受動性によってつくられている面もある。学生が学生である限り、教師よりも相対的に未熟な存在である。そもそもとして、教師と学生という非対称的な関係性を前提として授業が成立している限り、学生側は教師に対して受動的な存在であり続ける。ゆえに、学生が教師に何か意思表示するに際しても、成長や発達の途上にある学生であればこそ、教師の意をすべて汲むことなどできるはずもなく、教師の意図を完全に理解することもできない。デューイ（Dewey 1916＝1975: 76）が言うように、未成熟だからこそ成長できるの

であり、未成熟であることは積極的に捉えるべきである。

　今回この授業を通して改めて痛感したのは、教師として、できる限り「学生の本音」を引き出し、寄り添うことの重要性である。その「学生の本音」には、正当な批判のみならず、不合理で感情的な非難や悲鳴も含まれている。しかし、それらに対してすらも真摯に受け止め、耳を傾け続けることが、教師として大事である、ということであった。授業という場で、学生と教師という非対称的な関係にある両者が真に双方向的に対話することは、極めて実現の難しい目標である。学生と教師もまた、相互に「他者」なのである。教師が学生の「ありのまま」を受け入れない限り、相互の対話は成立しない。その対話を「諦めない」ことこそが、アクティブラーニングの出発点でもある。

6 ┃ アクティブラーニングの限界を超えた授業デザインへ

　本章では、大学教育において積極的な導入が推奨されているアクティブラーニングの現状を批判的に捉えながら、改めてデューイの教育論に立ち戻ることを通して、社会的な文脈での学修を捉え直すことを試みた。教育とは生活経験の中に見出され、為すことによって学ぶべきと考えたデューイの教育論は、現代の私たちにとっては旧くてもなお新鮮なものに映る。

　デューイが提示した経験の原理、すなわち経験の教育的価値を測る基準としての連続性と相互作用は、サービス・ラーニングの授業でなくとも、教室内で実施する授業のデザインにおいて参考となる。デューイの教育論は一見すると学習者の間での「多様性」を想定していないように見えるが、しかし社会的な属性において同質に見える集団内であっても、対話的な学修のための社会的環境を整えることによって、「他者」を発見し、その中に「多様性」を見出すことは十分に可能である。

　アクティブラーニングという用語からは、とかく能動的な側面だけが強調される傾向にある。しかし、学生にとっての授業とは、制度上そもそもとして受

動的なところからの出発である。授業のデザインは教師主導で決定され、成績
評価は教師の権限と責任によって行われる。その限りでは、学生は教育の対象
（客体）であるという位置を免れない。そこには、必ず強制力が働いている。
しかし、その抗いがたい制度的な事実をもってしても、アクティブラーニング
には希望がある。それは、教員が学生を「主体」と見なして授業をデザインす
る可能性を一切禁じるものでもなければ、教員が学生の声や経験を教育的に活
用する選択肢を除外するものでもないからである。

　デューイの言うように、経験にはたしかに「被る」要素がある。しかしそれ
が能動的な「試行」と合わさったものであるならば、教育的なものとなる
（Dewey 1916=1975: 222）。学生が授業に参加しようとする判断が意欲的であ
ろうがなかろうが、結果として選択される関わり方が積極的なものであろうが
消極的なものであろうが、その学生が授業に出席している限り、そこには必ず
能動的な「試行」が介在する。その授業を履修したという「試行」自体が、時
には、後悔の対象となるかもしれない。しかし、そのような後悔の経験こそ、
自らの意思を以て、何を得て、何を失ったのかをふり返る契機とすることが有
効である。長期的な視点に立てば、必ずその経験は連続性を持ち、能動的な学
修（アクティブラーニング）の土台になっていくはずである。よって、授業が
持つ受動的な側面の意味も、「連続性」の視点から、正当に評価しなければな
らない。

　アクティブラーニング実践の課題はすでに様々に指摘されており、その課題
を乗り越えるような実践もまた多く積み重ねられてきている。しかし、依然と
して、十分な解決方策が確立されているとは言いがたい状況でもある。もちろ
んこれは学問や研究に終わりがないのと同様に、何らかの問題が幾分か改善し
たら、次には一層高次で複雑な問題が発見されたり顕在化したりするようなも
のである。そして、その解決には複数の方策があり得ると同時に、その効果や
課題の現れ方も、学習者の状況や環境に依存して変化する。

　言うまでもなく、アクティブラーニングをめぐる諸課題は大学教育のみの問
題ではない。また、大学教育のみで解決ができる問題でもない。しかし、大学

教育においては、あるいは大学生の学修においては、より高度なアクティブラーニングが要求される。ゆえに、授業という制度的に受動的な経験を通して、そこを出発点としながらも、学生がいかにして主体的な学習者へと変容できるのか、受動的な授業経験からどのように学生の意識や学修を能動的なものへと展開させていくか、引き続き考えていかなければならない。

注記

(1) 小針 (2018: 134) によれば、1947年の学習指導要領においても、現実の問題を中心に据えてその解決に向けた自発的活動を促すような経験学習の原則が強調されていた。

(2) 東北大学における教養教育課程（全学教育課程）には、基幹科目や展開科目などの科目類が設定されている。基幹科目には、さらに人間論、社会論、自然論の科目群があり、卒業に必要な取得単位数は学部によって異なるが、学生はそれぞれの科目群の中からバランスよく履修しなければならない。当該授業は基幹科目、人間論の「人間と文化」という科目の一つとして開講している。

参考文献・資料

ベネッセ教育総合研究所 (2016)「第3回大学生の学習・生活実態調査」, https://berd.benesse.jp/up_images/research/000_daigakusei_all.pdf (閲覧 2019/10/14)

中央教育審議会 (2012)「新たな未来を築くための大学教育の質的転換に向けて〜生涯学び続け、主体的に考える力を育成する大学へ〜」（答申）, http://www.mext.go.jp/b_menu/shingi/chukyo/chukyo0/toushin/1325047.htm (閲覧 2019/10/14)

Dewey, J. (1915) *The School and Society*, revised edition, Cicago: The University of Cicago. (=1998, 市村尚久訳『学校と社会／子どもとカリキュラム』講談社学術文庫.)

Dewey, J. (1916) *Democracy and Education: An Introduction to the Philosophy of Education*, Cicago: The University of Cicago. (=1975, 松野安男訳『民主主義と教育』（上）（下）, 岩波文庫.)

Dewey, J. (1938) *Experience and Education*, Kappa Delta Pi. (=2004, 市村尚久訳『経験と教育』講談社学術文庫.)

Engeström, Y. (1994) *Training for Change: New approach to instruction and*

learning in working life, Paris: International Labour Office.（=2010, 松下佳代・
三輪健二監訳『変革を生む研修のデザイン：仕事を教える人への活動理論』鳳書
房.）

小針誠（2018）『アクティブラーニング：学校教育の理想と現実』講談社現代新書.

松下佳代（2015）「ディープ・アクティブラーニングへの誘い」, 松下佳代編著『ディー
プ・アクティブラーニング』勁草書房, pp.1-27.

溝上慎一（2015）「アクティブラーニング論から見たディープ・アクティブラーニン
グ」, 松下佳代編著『ディープ・アクティブラーニング』勁草書房, pp.31-51.

田上哲（2016）「教育方法学的立脚点からみたアクティブ・ラーニング」, 日本教育方法
学会編『アクティブ・ラーニングの教育方法学的検討』図書文化, pp.10-23.

社会的マイノリティとの「対話」に向けたボランティア学習

江口 怜

1 │ ボランティア学習は世界を開くか？

（1）高等教育におけるボランティア導入への期待と懸念

　高等教育においてボランティア活動、あるいはボランティア活動等のコミュニティ・サービスを組み込んだ授業（ボランティア学習、サービス・ラーニング[(1)]）が積極的に推進されるようになって久しい。2000年代以降、中央教育審議会の答申や文科省の様々なGP（Good Practice）事業等を通してそうした取り組みは後押しされてきた。

　この背景には、ボランティア活動自体が社会的に注目されるようになったことがある。「ボランティア」という言葉自体は、1930年代に社会事業、とりわけセツルメント（隣保事業）を取り上げる中で用いられ、1970年代以降は政策用語としても用いられてきた（仁平 2011）。しかし、阪神・淡路大震災が起こった1995年が「ボランティア元年」と言われるように、1990年代に社会的に広く認知されるようになった。ここには、東欧革命と冷戦の終結という文脈の中で市民社会論が隆盛したことも関わり、ボランティア活動への注目にも後押しされながら、1998年には市民活動推進への期待をこめて特定非営利活動推進法（いわゆるNPO法）が制定される。政治的な文脈においても、90年代にはアメリカやイギリスで旧来の民主主義・福祉国家と新自由主義の対立を乗り越えようとする政治的立場（いわゆる「第三の道」）が力を持ち、ソーシャル・キャピタルやシティズンシップ概念への注目と合わせて、ボランティア活動の意義が叫ばれるようになった（小玉 2016: 第七章）。こうした時代の趨勢と共振しつつ、高等教育におけるボランティア活動の教育的意義やサービス・ラーニングの理論と実践に関する研究は増加し、シティズンシップ教育や大学の社会貢献等の文脈の中で、その可能性が議論されている（長沼 2008; 桜井・津止 2009; 松岡 2010; 木村 2014; 森定 2014; 若槻 2014; 藤室・江口 2017など）。

　他方で、ボランティア活動やボランティア学習を推奨する流れに対して、批判や懸念の声も聞かれるようになった。仁平（2011: 4-7）が整理するように、1990年代末には「自発的」に行われるボランティア活動は、行政コストを減らし小さな国家を目指すネオリベラリズムの潮流と共振し、「参加」を通じた社会適合的な主体の形成を後押ししているのではないかという中野（2014）や渋谷（2003）等の「動員モデル」に基づく問題提起があり、ボランティア批判の原型をかたちづくった。加えて、ボランティア的シティズンシップを重視する「第三の道」論に対しては、ラディカル・デモクラシーの立場から、政治的「対立」や「抗争」を隠蔽するものとの批判もあり、ボランティア批判にも影響を与えている（小玉 2016: 153-156）。最近では、2020年の東京オリンピック・パラリンピックにおけるボランティア活用を批判した本間（2018）や、日本とドイツの事例から「ボランティアとファシズム」の関係を歴史的に検証した池田（2019）等もまた、90年代末以降のボランティア批判の問題意識を共有している。

　このように、ボランティアの社会的位置づけや教育現場におけるボランティア導入の是非については、論争的な部分が残されている。こうした問題を教育学の文脈で引き取った広田は、ボランティアは不平等・不公正な社会の再生産にも改善・改革にも寄与しうる両義性を持つことを踏まえながら、「ボランティア学習は、世界を開くこともあるし、世界を閉ざすこともある、という両義性をもっている」（広田 2015: 194）と述べている。筆者も、広田のこの見解に同意する。しかし、その上で、いかなるデザインを行えば、高等教育におけるボランティア学習は「世界を開く」学びとなり得るのか、この点を前向きに考えてみたい。本章の課題はここにある。

（2）試金石としての「他者」との関わり

　ここで注目したいのは、ボランティア学習が「世界を開く」学びになる上で、「他者」とどのような関係を築くのかが極めて重要になるという点である。
　例えば、日本の近現代史における「ボランティア」にまつわる言説の歴史を

検討した仁平（2011）は、ボランティア批判にも共有されるシニシズムを超えるあり方として、「他者のもとへと自らを配送させていくことを断念しない立場」（仁平 2011: 438）があり得ると論じている。1970年代に登場する自己効用を強調するボランティア論（「ボランティアは自己実現や生きがいのために行うものだ」など）ではなく、あくまで「他者」との緊張関係を保ち、時に諸主体の対立・抗争としての〈政治〉が生じることも恐れないボランティアのあり方に、仁平は可能性を見出している。この点は、「生命の価値」や「つながり」を称揚しながら分配の問題を忘却した福祉ボランティア論を批判しつつ、「私とはまったく異なる他者との利害を超えた自由な邂逅」（天田 2007: 99-100）に可能性を見出す天田の指摘とも通じ合う。

　このように仁平や天田は、ボランティア活動そのものを善きこととして称揚するのではなく、かといってすべてのボランティアを批判するのでもなく、ボランティア活動を通して「他者」との緊張関係を孕んだ出会いが生じうるか否かがボランティアを評価する際の鍵になるという観点を提起した。筆者もまた、ボランティア批判自体の意義を認めつつ、ボランティア批判が他者と積極的に関わることを躊躇するシニシズムをもたらすことを懸念している。本章では、これらの指摘を踏まえて、ボランティア学習を通していかに他者との関係を構築し、また他者に対する理解が深まったのかという点に着目しながら、筆者の取り組んだ授業を検討することを課題としたい。

　なお、「他者」の概念は多義的であり、「私」以外の人一般を指す場合もあるが、とりわけボランティアという文脈においては、社会的に困難な状況に置かれた人々や被差別・被抑圧状況に置かれた人々という含意も併せ持っている。本章では、筆者が取り組んできたボランティア学習の中でも、とりわけ社会的マイノリティと関わるボランティアを通した教育の実践事例を取り上げながら、そこでの課題や可能性を検討してみたい[2]。

　社会的マイノリティは、地域社会の中で他者化され、排除されがちであり、また常にそのような危険性にさらされている。大学生にとっても、偏見を抱いたり、積極的な関わりを持つことに抵抗感を持っている場合も考えられる。つ

まり、大学生にとって、マイノリティは、理解困難な「異質な他者」として立ち現れやすい。そのため、自らとの同質性を想定しやすい人々と関係する時以上に、葛藤や摩擦が顕在化する可能性は高い。しかし、だからこそ、異質な他者と出会い、向き合うことを通して、学生たちが世界を広げていく可能性を持ち得ると捉え返すことも可能であろう。この時、マイノリティの人々に対する忌避感や偏見を上塗りするのではなく、他者との出会いを通して世界を広げる契機とするための授業デザインの質が一層厳しく問われることになる。

(3) 丸山眞男の「他者感覚」論とパウロ・フレイレの「対話」論

　ボランティア学習の中では、他者の存在は「理解の対象」と「関係構築の対象」という2つの側面を持っている。ここでは、まず、他者をいかに理解するかという問題を考える際の補助線として政治学者丸山眞男の「他者感覚」論を取り上げる。次に、他者といかなる関係を構築するかという問題を考える際の補助線として、ブラジルの教育学者パウロ・フレイレの「対話」論を取り上げたい。

　丸山眞男は、学問的認識における「理解」の基本は、他者を他者として、その内側から把握しようとすることにあるとして、「他者感覚」の重要性を指摘している。また、丸山は、他者感覚がなければ「人権の感覚」も育たないとして、他者を他者として理解することが人権概念の根幹にあることを強調している（丸山 1996: 172-178）。

　また、石田によれば、丸山は国立療養所で長期療養者や重症患者との出会いを経験する中で、安易な「同情」が入り込むことのできない領域の存在を意識するようになり、「自分より困難な立場にある人に対する『他者感覚』の困難性と必要性」を自覚化するようになったという（石田 2005: 24-25）。加えて、自身の被爆体験に関わって丸山は、「各個人に固有の深刻な体験を理解することの難しさを考えることなく、安易に被害者と同一化したり、その意見を代弁できると思うことが『他者感覚』の欠如となる危険性を警戒」していたとも論じている（石田 2005: 29）。

このように丸山は、学問的認識における理解にとって他者感覚が必要であるとした上で、特に深刻な経験をした人々や困難な立場にある人々を理解しようとする時には、他者感覚が一層不可欠なものであると考えていた。他者感覚が欠如した理解とは、安易に被害者に同情したり、自己と同一化したり、意見を代弁できると考えるような理解のあり方を意味する。他者との出会いを通して学ぶボランティア学習においても、こうした他者感覚を研ぎ澄ませた理解を深めることが求められるだろう。

　次に、他者との関係構築のあり方に関して、パウロ・フレイレの対話論に注目したい。フレイレは被抑圧者にとって学ぶことの意味を問いながら、知識の伝達によって学習者と世界との関係構築を阻む「銀行型教育」を批判し、授業者と学習者が共に世界と向き合い世界を変革するような「問題解決型教育」を提唱した人物として知られる（Freire 1970＝2011）。

　フレイレは、被抑圧状況にある人々に向き合う際に、相手をただ伝達の対象と見なす反対話的で垂直的な関係ではなく、相互の信頼に基づく交流、対話的な関係が不可欠であると論じている（Freire 1968＝1982: 99-101）。フレイレは、この対話的関係の重要性を広く被抑圧者に対する教育的・援助的関係全般に通ずるものとして論じており、例えば農業技術者による農民に対する技術の普及事業を取り上げながら、次のように述べている。

> 普及事業というものは、どの部分でそれがおこなわれるにせよ、劣ったものとみ
> なされる世界の他の部分にはるばるやってきた人間が、かれなりの流儀で、「ここ
> を正常化してやる」必要性を——つまり多少とも自分の世界に似かよったものに
> する必要性を——感じていることのあらわれだと私は思う。
> （略）
> これらの語のすべては、人間を物と化し、かれが世界を変革する存在であること
> を否定する行為としての意味あいをふくんでいる。しかもこれらの行為は、のち
> に見るように、真の知識を形成するうえではかえってマイナスのはたらきをする
> のである。（Freire 1968＝1982: 136、傍点は原文）

　フレイレは、このような関係を「援助主義」とも呼んでいる（Freire 1968=
1982: 37-39）。マイノリティを対象とするボランティア活動や支援活動は、こ
こでフレイレが指摘するように、相手を劣ったものとみなし、「正常化」しよ
うと働きかけることを通して、相手が世界を変革する存在となることを妨げる
危険性を併せ持っている。そのため、ボランティア学習においても、具体的な
現場で伝達に特化した「援助主義」的関係を築くのではなく、他者との対話的
関係をいかに構築できるかが重要な課題となる。

　以下では、これらの議論を念頭に置きつつ、他者感覚を研ぎ澄ませた理解の
深化や他者との対話的関係の構築に向けていかなる授業デザインを行ったのか
を検討していくことにしよう。

2 ｜ 授業の実践例：「共生社会に向けたボランティア活動」

（1）授業概要と目標設定

　今回取り上げるのは、東北大学の初年次教育プログラムとして開講されてい
る「基礎ゼミ」のうち、筆者が開講した「共生社会に向けたボランティア活動
―人権・多様性・エンパワメント」である。本授業は筆者が2017年度に初め
て開講し、翌年度も含め2年間筆者が担当した。受講した学生はいずれの年度
も10名強であった。以下では、筆者の作成したシラバス等に加え、毎回の講
義の最後に記したミニッツペーパーやボランティア活動後に提出した「ボラン
ティア活動振り返りシート」（以下、振り返りシート）、最終レポート等の学生
の記したものを検討の素材として取り上げる。

　まず、2018年度のシラバスに記した「学習の到達目標」を確認しよう。

　（1）ボランティア活動への参加や文献調査等を通じて、様々な支援活動の社会的
　　　意義を理解する。

（2）「人権」や「多様性」「エンパワメント」等の基本的な概念について理解し、自他の権利や尊厳を尊重する意欲と態度を身につける。

（3）支援対象者（当事者）や支援者の方たちと積極的にコミュニケーションをとりながら、「当事者視点」で課題を理解し、課題解決に向けて必要なことを考察することができる。

（4）「共生社会」の実現という課題に対して、自分の意見を持ち、他者に向けて表現することができる。

このように、基本的な概念理解や支援活動の背景と意義の理解、当事者視点での課題の理解、共生社会の実現という課題解決に向けた方策の考察等を授業の到達目標に挙げている。ここでは、前節の内容と関連づけながら、学習の到達目標に関する狙いを明確にしておきたい。

まず、丸山眞男の他者感覚論とも深く関わるのが、「当事者視点」で課題を理解するという目標設定である。当事者性を尊重する必要性は、特に1970年代に叢生する障害者解放運動の中で主張され始め、現代においてはマイノリティ問題を考える上での鍵概念となっている（中西・上野 2003など）。その中で障害当事者が批判したのは、丸山が警戒したように、安易な同情や代弁がマイノリティの尊厳を損なっていることであった。このように、当事者視点で課題を理解するという表現の中には、他者を他者として尊重し理解しようとする他者感覚を身に付けることを含意させていた。

次に、フレイレの対話論とも深く関わるのが、「共生社会」という問題設定である。共生概念は多義的であり、共生社会という表現は近年急速に政策用語として普及しつつあるが、筆者が特に意識していたのは、1970年代に登場する障害者解放運動や在日朝鮮人の権利獲得運動等の中で、異質な存在を「差別・排除」し、「同化」してきたことへの痛烈な反省とその構造の変革への志向性の中で「共生」の関係性が模索されてきたことである（花崎 2001: 212; 川本 2008: 16; 権 2017: 6-7）。共生社会の実現とは、社会的に構築された非対称的なマジョリティとマイノリティの関係を組み替え、フレイレの言う意味におけ

る対話的関係を構築することを含意している。授業においては、共生社会という用語に関して異なる文脈のものも紹介し、その概念自体について各自が考察を深められるように配慮を行ったが、「共生社会に向けたボランティア活動」という授業題目が示唆するように、他者といかに対話的・共生的関係を構築できるかという目標自体は授業全体に通底するものとして設定していた。

　このように、本授業はボランティア学習を通して到達すべき目標設定を限定し、社会的マイノリティの人権擁護に関わるボランティアの現場を設定した点で、一定の固いデザインを行った事例と言える。実際にはボランティア活動のテーマは極めて多様であり、また学生自身が参加するボランティア活動を選択する方式なども含めて、授業デザインのあり方は様々に考えられる。しかし、どのようなデザインを行うにせよ、ボランティア活動を行うことそのものを目的化し、いわば「奉仕精神の体得」を目標とするような授業は、高等教育に限らず望ましくないと筆者は考えている。本来的には自発性の発露として行われるべきボランティア活動を、学生に対する評価が必要な授業に組み込む場合は、ボランティア活動を通して獲得を目指す学習目標の設定を明確にしておくことが重要だと言えるだろう。

（2）授業の構成

　次に、先行研究の指摘を踏まえつつ、本授業の構成について触れておきたい。松岡は、ボランティア学習を成立させるためには、事前の「構えづくり」と事後の「ふりかえり」という2つのユニットをボランティア活動の前後に設定することが不可欠であると指摘する。ただし、同時にこの設定は、学習の内容や方向がコントロールされる危険性や他者に依存した学習経験を増幅させる危険性をも内包すると述べている（松岡 2010: 173）。また、森定は、アメリカのサービス・ラーニング理論を参照しつつ、振り返りは「サービス前」「サービス中」「サービス後」のそれぞれの段階で行う必要があることを指摘している（森定 2014: 90-92）。

　このように、ボランティア活動を学習と結び付ける際には、どの段階でどの

表2.1　基礎ゼミ「共生社会に向けたボランティア活動」の構成

	2017年度	2018年度	備考
事前学習	オリエンテーション・講義	オリエンテーション・講義	人権・エンパワメント概念、受け入れ先団体の取り組む社会課題の概説、ボランティア活動上の留意点等。
	ワークショップ（共生社会に向けたボランティア活動とは何か）	前年度受講者の体験報告	
	フィールドワーク（障害者コロニー、グループホーム等）	フィールドワーク（国立ハンセン病療養所）	受講者全員で半日程度実施。
	実践者講義	実践者講義	受け入れ先4団体の方の講義。講義終了後にボランティア参加グループ決め。
ボランティア活動	①仙台自主夜間中学 ②一般社団法人アート・インクルージョン ③NPO法人仙台夜まわりグループ ④東北学院大学日本語学習支援サークルHANDS	①仙台自主夜間中学 ②東北中国帰国者支援・交流センター ③NPO法人仙台夜まわりグループ ④CIL（自立生活センター）たすけっと	4回程度のボランティア活動（その中で、インタビューを実施）。毎回ボランティア終了後に参加者で簡単な振り返り。かつ、ボランティア活動振り返りシートを毎回提出。
中間学習	グループワーク（活動の振り返り）	講義（共生社会、ヘイトスピーチ問題）	
	インタビュー調査ガイダンス	インタビュー調査ガイダンス	
	文献調査ガイダンス	文献調査ガイダンス	
事後学習	感想共有	感想共有	
	ドキュメンタリー視聴（ホームレス問題）	ドキュメンタリー視聴（中国帰国者、生活保護制度、若者の「学びの貧困」）	
	ボランティア体験報告会	ボランティア体験報告会	同じボランティア現場に参加したグループで報告。
	最終レポート作成	最終レポート作成	

ような知識の提供を行い、またいかなる形で振り返りを促すのかが課題となる。また、ボランティア活動中の経験内容は事前に統御できず、むしろ統御できないことに一定の意義があるため、授業の計画内容を柔軟に組み替えていくことも必要となる。これらの点を踏まえつつ、筆者がどのように授業を構成し、また組み換えを行ったのか確認しておきたい。実際に行われた2年間の授業の構成を示したのが、表2.1である。なお、表中の項目は要素を取り出したものであり、授業のコマ数と厳密に対応させたものではない。

　このように大きな流れとしては、①事前学習→②4回程度のボランティア活

動への参加とインタビュー調査の実施→③ボランティア活動中の中間学習→④ボランティア活動終了後の事後学習、という流れで授業を構想した。以下では、それぞれの段階で行った授業デザインの工夫について、簡潔に整理したい。

（3）授業デザインの工夫
①授業準備
　まず、実際の授業実施の前段階で行った作業を取り上げる。

　授業の目標や構成についておおまかなデザインを行った後、最も重要になるのはカウンターパートになる団体の選定と打ち合わせである。筆者の場合、2016年度に東北大学課外・ボランティア活動支援センターに着任して以来、徐々に様々な社会課題に取り組む団体や個人との関係が蓄積されていった。その中で、筆者が特に関心を寄せていた成人基礎教育保障（夜間中学）の問題、障害者問題、野宿者（ホームレス）[3]問題、在日外国人問題に関わる現場を授業のフィールドに設定し、翌年は中国帰国者（中国残留孤児）支援の現場も組み込んだ。

　授業の中にボランティア活動を組み込む際には、大学に対して学生ボランティア派遣を依頼している現場を学生に紹介する、学生の興味関心に応じてボランティア活動先を選定させるなど、他にも様々な方法が考えられる。今回、本授業で活動先の選定を先に行ったのは、先に触れた通りボランティア活動を行うことそのものではなく、ボランティア活動を通して社会課題を学ぶことを目的としていたからである。こうした授業目標を立てる場合には、教員の側がボランティア受け入れ団体の取り組む課題について、一定の知見を有していることが必要である。また、学生がボランティア活動を通して学ぶ上で、カウンターパートとなる団体の考え方や姿勢から受ける影響はきわめて大きい。こうした理由から、今回は教員が受け入れ団体を選定する方法をとることにした。

　また、受け入れ団体の方には、授業の目的や流れ、実際に訪問する時期や人数などについてあらかじめお伝えし、打ち合わせを何度か行った。そこには、ティーチングアシスタント（TA）も可能なかぎり同席してもらった。特に、

受け入れに際して決定の権限を持つ方と実際の現場を担当する方が異なる場合には、できるだけ現場も訪問して授業の趣旨を伝えるよう努力した。こうした授業開始前のすり合わせは、学生の学びをよりよいものにするためにも、カウンターパートの団体の活動に支障を与えないためにも、欠かすことができないと考えている。

②事前学習

　事前学習は、先に触れた「構えづくり」の段階にあたる。この段階では、オリエンテーションと講義を通じて、授業の流れと受け入れ団体の概要を紹介し、人権や共生、多様性、エンパワメント等の関連概念について概説した。また2年目には、1年目の受講生を招いて、オリエンテーションで体験報告を行ってもらった。そして、人権問題に関わる現場を受講者全員で訪問するフィールドワークを行った後、受け入れ先の4団体の方をお招きした実践者講義を聞いた。その上で、ボランティア活動先のグループを決定し、活動上の留意点等についてガイダンスを行った。

　特にこの段階で留意したのは、「現場に触れる」ことと、「自分なりの問題関心を形成すること」である。

　学生たちが実際にボランティア活動に取り組むのは5月末頃からである。ボランティア学習においては、現場での経験を意味あるものにするためには事前の学習が不可欠であるが、現場を知らない状態で講義を受けても頭に入りにくいというジレンマがある。そこで、ゴールデンウイーク期間の前後に半日程度時間をとって、直接にボランティア活動を行うわけではないが、人権問題に関わるフィールドワークを組み込むことにし、1年目は障害者施設、2年目はハンセン病療養所を訪問した。

　このフィールドワークでは、訪問前の事前学習（事前の授業内または当日出発前）→フィールドワーク→戻っての振り返り・討論という、その後のボランティア活動の基本となるサイクルを経験できるようにも工夫した。後述する通り、ボランティア活動中は学生同士でこのサイクルを意識する必要があるた

め、全体でこうした経験をしておくことは、その後の活動をスムーズに行う上でも意義があると考えられる。

　次に、学生が自分なりの問題関心を形成する上で工夫したのは、現場の方をお招きした実践者講義を聞いた上で、学生自身に参加する団体を決定させたことである。オリエンテーションの段階で、ボランティア活動の概要を伝え、参加可能な時間帯などの予備調査は行っているが、最後は本人の意志で参加する団体を選べるようにすることを意識した。なぜなら、あくまでボランティア体験・実習に留まるとはいえ、やはりボランティア活動の根幹には自発性の要素がなければならないと考えるからである。基礎ゼミという授業は、そもそもシラバスを読んで希望を出して選択するため、まったく興味のない学生が受講することは稀であるが、それでも「思っていたボランティアと違った」という感想は聞かれる。そのため、自分の問題関心と多少異なっていたとしても、自分はここに関わってみたいという意志が芽生えるような配慮が必要である。実践者講義は、実際に支援活動に携わる方の生の声が聴けるという意味で、問題関心を抱くきっかけとしては有効だった。実際、学生からは「早くボランティアに参加したくなった」といった感想がよく聞かれた。

③ボランティア活動および中間学習

　さて、各学生が参加するボランティア活動が決まった後に行うのは、「振り返りの組織化」と「次なる学びへの橋渡し」である。

　振り返りについては、集団で行う場合と、個人で行う場合の二種類を設定した。まず、同じボランティア活動に参加したメンバーは、当日もしくは後日、短い時間でもよいので必ず振り返りの場を設けるよう指示した。初回のボランティア活動には筆者ないしTAが参加し、この振り返りの方法などについても経験できるようにした。また、ボランティア活動期間中に行う授業の場で、全体での感想共有やワークショップを行って、それぞれが経験した内容や感じたことを改めて共有する場を設けた。

　こうした場を設けると、多くの場合学生は「そんな視点もあったのか」とい

う感想を漏らす。つまり、振り返りを通して、同じ現場を共有しながらも、そこで得られた経験の質は様々であるということに気づくのである。ここでは、このことを〈視点の複数化〉と呼んでおこう。グループでの振り返りは、この〈視点の複数化〉を通して、学生が現場で生じている出来事を立体的に捉えられるようになるところに意義がある。

　個人としての振り返りは、振り返りシートを配布して、毎回の活動の後で記入して提出するよう求めた。A4版裏表1枚程度のシートであり、そこには、活動の概要、そこで学んだことや浮かんだ疑問、今後改善したい点などを記入できるようにした。このシートは、記入を通して活動の振り返りを促すことに加えて、ボランティア活動中のトラブルや戸惑い等についてこちらも把握し、必要があればサポートを行うことを目的としていた。

　次に、次なる学びへの橋渡しについては、インタビューという活動を盛り込んだことと、文献調査の方法について伝えたこと、関連するドキュメンタリー視聴の機会を設けたこと等が挙げられる。

　インタビューは、ボランティア活動中ないし別日程で設定するようにし、受け入れ団体とも相談しながら、その方法を柔軟に工夫した。このインタビューは、原則として「当事者」を対象とし、難しい場合は支援者でも可能であることを伝えた。実際にはほとんどの場合で当事者にインタビューを行うことができ、加えて支援者にもインタビューを行ったグループが多かった。この狙いは、学習の到達目標にも記したように、「当事者視点」で課題を理解することを促すところにあり、また「支援される人」ではなく生きた一人の人間として向き合う中で対話的関係を構築できるよう促すことであった。もちろん、数回のボランティア活動だけではこうした関係構築を行うことは困難であるため、実際には受け入れ団体スタッフのサポートを受けながら行った。例えば、後述する野宿者支援の現場では、インタビューの実施自体がかなり難しいことであった。そのため、スタッフの助言で、まずは何気ない会話をできるようになることを試みたり、スタッフがインタビューしている隣で話を聞かせていただくなど、可能なかたちを模索することになった。こうした過程の中で、学生たち

は、野宿生活に至るまでに過酷な経験をしてきた方の中には、簡単に自分のことを話すことができない場合があることや、コミュニケーションに工夫が必要な方がいることなどを学んでいった。このような意味で、インタビューで聞いた内容よりも、当事者の立場にたって物事を考える構えを学ぶことの方が、より重要であったと言えるかもしれない。

　加えて、ボランティア活動を通して、各現場で向き合う社会課題についておぼろげながら理解が進んできた段階で、体験報告会および最終レポートでは文献調査の成果も踏まえることを伝え、各社会課題に関連する参考文献リストを提示した。ボランティア活動やインタビュー調査を通して、ミクロな次元で問題を理解すると同時に、人々を取り巻く社会構造の問題についても認識を深めてもらうことを意図していた。

　続いて、中間学習と事後学習にまたがって行ったのが、関連するドキュメンタリーの視聴である。これは、当初の授業計画の段階では想定していなかったものである。初年度の授業を進めるなかで、特に野宿者問題については学生の持つ偏見が大きいことが端々から感じられた。そのため、野宿者問題を理解するビデオ教材としてつくられた『「ホームレス」と出会う子どもたち』（一般社団法人ホームレス問題の授業づくり全国ネット作成、2013年）を視聴し、理解を深める授業を組み込むことにしたが、これは効果的であったと感じている。特に、野宿者問題とは異なる社会課題に取り組んでいた学生からは、この視聴を通して「自分が偏見を持っていたことに気づいた」などの感想が寄せられた。この経験を通じて、翌年度は関連するドキュメンタリー視聴を行う時間を増やすことにした。この際は、例えば中国帰国者支援・交流センターの活動に参加していた学生の中から、言葉の壁があって十分に理解できなかった社会的背景について理解できたという感想があった。このように、社会的背景や社会構造にまで踏み込んだ理解を促す上では、教材の工夫が必要であることが痛感された。

④事後学習

　最後に、ボランティア活動終了後に、グループで報告を行うボランティア体
験報告会を設定し、また最終レポートの作成を課題とした。体験報告会および
最終レポートには、現場での経験に加えて、インタビューや文献調査の内容も
盛り込むように指示した。これらは、ボランティアの体験をそのままで終わら
せずに、客観的事実や学問上の蓄積を含めて考察を深めることを狙いとして設
定したものである。

　また、ボランティア体験報告会は受け入れ団体にも案内をし、何名かのスタ
ッフが参加してコメントをしてくださった。最終レポートについても、受け入
れ団体のスタッフにお見せするということを学生に伝え、実際に報告書として
まとめてお渡しした。この授業におけるボランティア活動は、体験的な色合い
が強く、現場で抱える問題解決にまで踏み込むことは難しい。だからこそ、学
生の学んだ内容は現場にフィードバックすることが重要と考えた。また、学生
にとっても、お世話になった団体のスタッフに見ていただくことを意識するこ
とで、最後まで緊張感をもって学びの成果を振り返ることができたのではない
かと思われる。

3 ｜ 学生Ａさんの学びの軌跡──野宿者支援の現場と向き合って

　ここまでは、授業の設計者の側から授業デザインの狙いや工夫について論じ
てきた。ここからは、学生の執筆したミニッツペーパーや振り返りシート、最
終レポート等を取り上げながら、学生の側から授業がどのように経験されたの
かを検討してみたい。そこで、2017年度に野宿者支援を行うNPO法人仙台夜
まわりグループの活動に参加した男子学生Ａさんに焦点を当てて、いかにそ
の学びが深まっていったのかを考察することにしよう。

（1）野宿者支援を巡る文脈と「出会い」の教育的意義

　まず、野宿者支援という現場がどのようなものか、簡単に触れておきたい。

　日本で野宿者問題が社会問題化するのは、1990年代のことである。高度経済成長期以降、東京や大阪などの大都市を中心に、建設関係等の日雇労働に多くの男性労働者が従事していた。それが、バブル崩壊による不況と男性労働者の高齢化が重なる中で、90年代に一挙に野宿生活に陥り、一時期は多くの都市部の公園にブルーシートで小屋掛けした住居が立ち並ぶテント村が生まれた。その後、2002年にいわゆるホームレス自立支援法が制定され、行政も一定の施策を行うようになり、野宿者数は統計上減少を続けている。しかし、いわゆる「ネットカフェ難民」など不安定な居住状況にある人々は見えないかたちで増加していると考えられており、また女性や若者などが野宿生活に陥ることも増加している（堤 2010）。日雇労働者が数多く集う町（寄せ場）である大阪・釜ヶ崎で1980年代から支援活動を続けてきた生田武志は、2000年代以降にあらゆる職域・地域において不安定就労が拡大する中で、日本全国が寄せ場化したと指摘している（生田 2016: 275）。

　この野宿者を支援する活動として、夜間に訪問して安否確認や物資配給等を行う「夜まわり」活動が生まれていった。そして、仙台で夜まわり等の野宿者支援を行う団体として発足したのが、本授業の受け入れ団体の一つであるNPO法人仙台夜まわりグループ（以下、夜まわりグループ）である。夜まわりグループは、2000年1月にキリスト教の牧師ら数名で活動を開始した。活動内容は、夜まわりに加え、炊き出し、生活相談、有償清掃活動など多岐にわたり、仙台市とも協働しながら活動を行っている。本授業では、水曜日の夜に月2回行われる夜まわり活動に主に参加させていただいた。

　本授業で野宿者支援の現場を取り上げた理由は、大きくは2つある。第1に、野宿者に対する差別・偏見が深刻であり、子ども・若者が加害者になる事例も多いことから、教育的働きかけの重要性が指摘されているためである。「究極の貧困」ともいわれる野宿者問題については、問題の深刻さとは裏腹

67

に、「働かずに好きに暮らしている」「あのような人になってはいけない／近づいてはいけない」等と極めて差別的な視線を投げかけられる場合が多い。実際に、少年たちによる襲撃事件（暴行等を行う）が80年代から社会問題化している。野宿者問題の授業を学校で数多く行ってきた生田は、野宿者襲撃は学校における「いじめ」の構造と相似していることを指摘しつつ、「若者と野宿者の最悪の出会い」である襲撃とは異なる「別の出会い」を創り出すことが重要だと考えてきた（生田 2016: 214-219）。また、出会いの重要性について生田は、次のようにも述べている。

> 野宿者を「ひとりの人間」として実感できたとき「こういう人たちが路上で生活せざるをえないこの社会とは何なのか」ということが、あらためて疑問として起こってきます。野宿問題の解決は、こうした出会いからはじまっていくのだと思います。（生田・北村 2013: 54）

　このように、野宿者問題への社会的理解を深める取り組みの中で、「ひとりの人間」としての「出会い」の機会を創出することの重要性が認識されており、本授業の狙いとも合致するものと思われた。
　第2に、夜まわりを行う団体は、当事者とのコミュニケーションを大切にして、当事者の意思を尊重しながら対等な対話的関係を築こうという志向性が強いことである。夜まわりを行う団体は、野宿生活を送る人々に声をかけ、必要に応じて生活保護を受けて在宅生活が行えるよう支援するが、あくまで本人の希望に寄り添う姿勢が強い。この点、野宿者と支援者の関係を主題とした論文の中で山北は、支援者の野宿者への関与の特徴を「見守り」と表現し、野宿者の「決定に寄り添う、あるいは決定を引き出す、促す、止めるための他者の社会的実践」とこの言葉を定義づけている。そして、「見守り」は常に、パターナリスティックな支援が色濃く出てしまいがちな「見張り」と、支援が行き届かない「見放し」の両極の間にあって、両義性を持っていると指摘する（山北 2010: 264-266）。この緊張関係を持った「見守り」の姿勢の中には、他者感覚

を研ぎ澄ませながら他者との対話的関係を構築する際の重要なヒントが隠されているように思われたのである。

　実際に、野宿者との対話的関係を志向しつつ、子どもが夜まわりに参加する実践を行ってきた事例として、大阪・釜ヶ崎で子どもの居場所を続けてきた「こどもの里」による「こども夜まわり」の取り組みがある。この施設で長く館長を務めてきた荘保共子氏は、当初釜ヶ崎の子どもは周りの日雇労働者や野宿者の事情を理解しているだろうと想像していたが、実際には身近にありながら差別的意識を持っている場合が多いことを知って衝撃を受け、地域の子どもが地域の大人の抱える課題を理解するために、凍死者も多く出る真冬の時期にこども夜まわりを1986年から始めた（生田 2012: 25-29）。この夜まわりに参加する上で、野宿者の背景を知るための事前学習が綿密に行われる。そこでの注意事項の一つに、「おじさんたちは、社会勉強のために寝ているのではありません」という言葉がある。これは、野宿者を勉強するための手段、いわば「教材」と見なすことは暴力的なことであり、生きた一人の人間として向き合うことが大切であるという、支援者の姿勢についての戒めを含んだ言葉と解釈できる[4]。

　本授業では、こうした野宿者支援の取り組みに学びながら、マイノリティの人々と関わるボランティア活動の中で、支援を受ける人々の尊厳が損なわれ、ただ「教材」として消費されることがないように、「よき出会い」となるような学びのあり方を模索しようとした。

（2）自己責任論と押し売りボランティア論の混合

　それでは、この夜まわりグループの活動に参加することを通して、学生たちは何を学んだのだろうか。夜まわりグループには、2017年度は3名、2018年度は4名の学生が参加した。ここでは、2017年度に参加した男子学生Aさんの事例を中心に検討してみたい。

　Aさんは、初回の授業で実施したアンケートの時点から、参加を希望する団体の一番目に夜まわりグループを挙げており、簡単な概要説明からでも何かし

ら気にかかる存在として受け止めたようである。そのアンケートの自由記述欄にはまた、「相手を無意識に傷つけてしまわないかが心配」とも書いている。また、2回目の授業（講義）で障害者の自立生活運動を取り上げた短い映像を観た感想の中でも、「身体障害者に対するボランティアは、軽い気持ちで取り組むものではないのではないかと不安を感じた。なにか、相手や自分に重い責任がつきまとうような印象を受けた」と書いている。こうした記述から、彼は繊細で他者と関わることに慎重なタイプであり、ボランティア活動を通して他者と関わることに不安を抱いていることが察せられた。

　Aさんはまた、講義の感想の中で、「ボランティアの押し売り」に対する懸念を記している。例えば、仙台自主夜間中学という基礎教育の学び直しの場について実践者の講義を受けた後の感想では、「自主夜間中学は学びたいという意志がある人が集まってくるシステムのようだから、少なくともボランティアの押し売り的な状態は発生しにくいだろうと思った」と書いている。ここからは、彼が他者との関係づくりに慎重であることとも関わりながら、善意を押しつけるタイプの「援助主義」（フレイレ）への疑念を持っていたことがうかがえる。

　そして、仙台自主夜間中学という「待つ」タイプの活動とは異なる訪問型の夜まわり活動について実践者講義を聞いた際、Aさんは次のような感想を記している。

社会的な問題のせいで仕方なくホームレスになる人がいるのは分かったけど、完全に自業自得でホームレスになった人もいるのではないか。自分のせいで貧しくなった人が堂々と権利を主張して生活保護を受けようとするのは違うと思う。その人たちのためにボランティアする側がもっともらしい保護する理由をがんばって見つけるのも違うと思う。ホームレスを対象にしたボランティアは、ボランティアの押し売りになりがちなのではないか、と少し思ってしまった。

ここには2つの見解が見られる。一つは、自業自得でホームレス状態になる

場合もあるのではないかということ、もう一つは、彼らに対するボランティアは「押し売り」になりがちなのではないかということである。前者は、野宿者に投げかけられやすい典型的なステレオタイプの一つである。後者は、先に触れた「援助主義」への疑念の延長線上に位置づくものである。後者の視点は、その後もＡさんに一貫して見られるものであり、彼が一定の他者感覚を有していたことを示すものであった。ただし、ボランティアの「押し売り」への懸念が他者と積極的に関わることを躊躇させていた側面も見受けられる。

　振り返ってみるならば、①自己責任論に対して当事者との出会いや社会的背景に関する学習を通していかに揺さぶりをかけるか、②Ａさんの「押し売り」ボランティア批判に見られる他者感覚の芽を尊重しながらも、積極的に他者と関わり課題解決の方法を考える意志をいかに引き出すか、という二つの課題を当時筆者なりに意識していたように思われる。以下では、この2点に焦点を当てながら、授業が進むごとにＡさんの認識にいかなる変化が見られたのか、確認していきたい。

（3）他者と関わろうとする意志の芽生え

　Ａさんの記したレポート類を検討すると、ボランティア活動に参加していく中で特に影響を受けたのは、現場での野宿当事者との出会いと、夜まわりグループのスタッフとの出会いであったことが読み取れる。

　野宿当事者との関係については、初めて5月末に夜まわりに参加した際の振り返りシートで、Ａさんは次のように書いている。

　　自分が何度かいったことのある場所に実はホームレスの人がいたこと、全く気づいていなかった。他の人たちもなかなか気づけないような場所にいて、彼らなりの気遣いを感じたように思った。

　Ａさんは、それまで全く意識せず、不可視の存在であった野宿者の存在に気づき、また気づかれないような場所にいることの中に「彼らなりの気遣い」が

あることを読み取っている。ここではまた、事前学習の段階で「ホームレス」と記していたのが、「ホームレスの人」と記し、彼らが「人」であることが意識化されていることも指摘できる。このようにＡさんは夜まわりへの参加を通して、漠然と「ホームレス」と括って認識していた人々が、生身の人であることに気づいたと言えるだろう[5]。

　2度目の夜まわりに参加した際の振り返りシートには、野宿者がバラバラに生活している傾向がある一方、仲の良い関係を築いている場合もあること等、当事者間の関係について気になったことが記されている。また、「支援している場を見て、他の人たちは何を思うか」と書かれ、自身も活動に参加するまではそちら側にいたはずの「社会の視線」を意識するようになっていることがうかがえる。

　最後に、3度目の夜まわり活動に参加した際の振り返りシートで印象的なのは、「人の名前を覚えたいと思った」と記していることである。名前を覚えたいというのは、「ホームレス」というカテゴリーではなく、具体的な人として他者に関わろうとする意志が芽生えたことを示唆している。このように、Ａさんは夜まわりへの参加を重ねるうちに、徐々に視野が広がり、また当事者との関係構築への意志が芽生え始めていた。

　Ａさんのこうした認識の変化にあたって、大きな影響を与えたのが夜まわりグループのスタッフとの関係である。Ａさんにとってスタッフとの関係は、大きく2つの意味を持っていた。

　一つは、理解の難しい当事者の行為に関するいわば翻訳者としての意味である。例えば、夜まわりの最中に支援者を非難する当事者がいた際に、スタッフからその人は飲酒するとそのようになってしまう場合が多いことを説明されている。また、施設生活や在宅生活へ移行した後も夜まわりグループの物資配給に顔を出す人がいる理由や、路上で生活する人は減ってもネットカフェ等の見えない場所で不安定な居住生活を送る人が増えている現状等、一見して分かりづらい背景について当事者との関係の深いスタッフから説明を聞いて納得できた部分が多かったようである。

　もう一つは、いわば支援者の姿勢から受けた影響である。Ａさんは夜まわりグループのボランティア説明会であるスタッフの話に衝撃を受けたことを次のように書いている。

- ○○さんが人権をうったえる広告の前で凍死していたホームレスの話をしてくれた。話自体にも衝撃を受けたが、もっと衝撃的だったのは、話しながら○○さんが涙ぐんでいたこと。マジで半端な気持ちでやっていないのだということがすごく伝わった。
- ホームレスの人が家に戻る、もしくは住みかを手に入れることが必ずしも本人にとって満足のいくことなのか。夜まわりグループとしては信念のもとに彼らの手助けをしているようであるが、人によってはよけいなお世話だと感じているのではないか…そんなことないか…。

　これらの感想からは、支援（ボランティア）の「押し売り」に対する疑念は残りつつも、少なくとも支援者の真摯な態度に対する共感の感情が芽生えていることがわかる。2つ目の感想にある「本人にとって満足のいくことなのか」という視点自体は、安易な同一化や同情を避けて他者を内在的に理解しようとする他者感覚と重なるものである。ただし、事前学習の時点では、本人も本当はそんな支援を求めていないのではないかという疑念と、自業自得であるのだからそんな支援すべきではないのではないかという自己責任論が混ざり合っていた。それがこの時点では、後者の自己責任論は後景に退き、ボランティアのあり方に関する疑念についても、一人よがりの想像ではないかたちで具体的に思考するようになっている。感想の最後に見られる「…そんなことないか…」は、自身の認識枠組みの妥当性を問い直し始めたことを示唆するものと言えるだろう。

　Ａさんは事後学習の段階の感想で、できるだけ今回のきっかけを大切に、活動を続けてみたいと記している。このようにＡさんは夜まわりグループのボランティアへの参加を通して、当事者が生身の人であることに気づき、より深

い関係を構築したいという意志が芽生えていった。そして、当事者との出会い
やスタッフから得た知識等に基づき、「ホームレスになるのは自己責任ではな
いか」という自己責任論を後景化させていった。このように、Ａさんの認識の
変化にとって、当事者との出会いに加えて、当事者との信頼関係を構築してき
た支援者（スタッフ）の影響は極めて大きかった。

（4）他者感覚の錬磨とボランティアの意義の見直し

　最後に、「ちょっとボランティアしてみること」と題されたＡさんの最終レ
ポートを取り上げながら、改めて本授業を通した変化を読み取ってみたい。

　第1に、Ａさんにとって夜まわりグループの活動への参加が、彼が元来持っ
ていた他者感覚の芽を育て、より研ぎ澄ます意味を持っていたことが指摘でき
る。Ａさんはレポートの冒頭で、多くの野宿者が物資の援助に対して感謝して
いた一方で、ある当事者が「俺は乞食じゃねぇ」と言って支援を拒否する場面
があったことを紹介する。それに対して、夜まわりグループの支援者がとった
行動は、無理に物資を渡すのではなく、その場を立ち去ることだった。Ａさん
は、その支援のスタンスに共感しつつ、「放っておくのではなく、待つ」とい
う身振りが重要であったことを指摘している。Ａさんはまた、「支援を拒む人
には、なにか支援を拒む理由があるのだ」として、支援を拒むという行為にも
意味があると論じている。

　こうしたＡさんの理解は、支援者による一方的な伝達に特化した「援助主
義」を批判したフレイレや、安易な同情や同一化・代弁が他者感覚の欠如を示
すことを指摘した丸山の議論とも通じ合うものである。Ａさんは、当初からこ
うした問題に対して意識的であったが、具体的な支援の現場で生じる衝突、そ
の中で支援者が示した身振りなどを通して、より具体的にこうした支援者と当
事者の関係を巡る問題について考察を深めていったことが読み取れる。Ａさん
はレポートの末尾で、共生社会の実現に向けて学校でマイノリティへの理解を
深めることが必要であることを指摘しつつ、「こんな人たちがいるから、みん
なで助けてあげましょうね」等と教師が述べることは「逆効果」であると論じ

ている。Aさんは、こうした教師の振る舞いが、他者感覚を欠如させたもので
あることを的確に把握していた。

　第2に、他者感覚を欠如させた押し売りボランティアに批判的であったAさ
んが、ボランティアの意義に関する理解を変化させたことが指摘できる。Aさ
んは、「ボランティアで人を救いたいなら、死ぬまで人助けを続ける覚悟がな
ければ偽善だ」という考えを持っていたが、様々なハンディキャップを抱える
人が現に存在し状況を変えようと闘ってきた事実を知ったこと、ボランティア
を通して実際に救われる人々がいることに気づいたこと、まずは問題を知るこ
とが重要であると考えるようになったこと、ボランティア＝自己犠牲ではなく
それぞれのスタンスの中で可能な範囲で行えばよいと思えるようになったこと
等から、その認識が変化したことを論じている。授業に参加する前のAさん
は、ボランティアの意義を善悪二元論的に捉え、また具体的に支援の対象とな
る人々の状況を想像しないまま、観念的な判断を下していた。それが、具体的
な当事者の状況を知り、また様々なボランティア（支援）のあり方に触れたこ
とで、ボランティアの意義を見直すようになったのである。

　ここで重要なのは、彼がボランティアを肯定するようになったことそのもの
ではない。Aさんは、「まず社会のそういった部分〔社会的マイノリティの存
在や状況を変えるための行動の歴史：引用者〕を知れたこと。これが『共生社
会』に近づくための一歩だった。偽善だなんだと言って終わってしまってはお
話にならない。まず知ること。これが大事だった」と記している。ここから読
み取れるのは、Aさんがただボランティアを批判するだけでは、他者の存在を
知り、他者と関わりながら問題解決を模索する（共生社会に近づける）ことに
ならないと、考えるようになったことである。こうしたAさんの認識の変化
には、ボランティア学習が、他者との関わりを通して、社会をより良いものに
変えていくための思考を促す、開かれた学びになり得ることが示唆されている
ように思われる。

4 | 他者との出会いから学びを生み出すために

　本章の主題は、ボランティア活動ないしボランティア学習の両義性を踏まえ
つつ、高等教育におけるボランティア学習を通して世界が開かれるための条
件、授業デザインのあり方について考察することであった。その際、ボランテ
ィア学習が世界に開かれるための試金石となるのが、やりがいや自己成長では
なく、「他者」との関わりにあると位置づけ、参考になる概念として丸山眞男
の「他者感覚」やフレイレの「対話」の議論を参照した。その中で、他者を内
在的に理解し、また非対称的な関係を含む他者との関係を対話的なものとして
構築することが、ボランティア学習を通して世界を開くための条件としてある
のではないかと考え、こうした授業デザインのあり方について、筆者が開講し
た東北大学の基礎ゼミ「共生社会に向けたボランティア活動」の事例を取り上
げて考察を行った。

　野宿者支援を行う夜まわりグループの活動に参加したＡさんの学びの軌跡
に関する考察では、ボランティアは偽善ではないか、押し売りになるのではな
いかという疑念と、ホームレス状態に陥るのは自己責任ではないかという疑念
を持っていたＡさんが、前者の疑念について具体的な現場での当事者との出
会いや支援者の振る舞いに触れることを通して解釈を変化させ、後者の疑念に
ついては徐々に後景化させていったことが明らかになった。Ａさんは当初から
自覚的であったボランティアの押し売りが孕む問題についての認識を、夜まわ
りグループの現場で見聞きした当事者と支援者との関係の中でより踏み込んで
考察するようになり、さらに他者の存在を知り、他者と関わりながら問題解決
を目指すボランティア活動の意義を積極的に見直すようになっていった。

　当然、これらの考察には、筆者の願望も投影されているだろうし、授業デザ
インにもさらなる工夫が求められる部分は残る。しかし、これらの事例から
は、ボランティア学習を通して世界が開かれ、他者へ向かう意志が芽生える可
能性はあり得る、と言えるのではないだろうか。

　ここで改めて指摘しておきたいのは、こうした学びを生み出す上で、カウンターパートとなる団体の存在が極めて重要であったことである。授業を行う中で、いきなり当事者とコミュニケーションをとり、彼らが抱える社会的・歴史的背景を理解することは難しい課題であることがわかってきた。その中で、学生にとって最初に学ぶ対象となるのは、すでに当事者との関係を築きながら支援活動を行っている人々であり、そこから受ける影響は極めて大きかった。これは、何らかの課題の当事者である他者との「よき出会い」を実現するためには、支援者がそうした人々と「よき出会い」を生み出している現場から学ぶものが大きいことを意味する。そして、この前提としては、授業者とカウンターパートとなる団体に一定の信頼関係があり、授業者もそこで取り組まれる社会課題の概要や支援団体のスタンスについて理解していることが大切であった。

　また、授業をデザインする上で、いわば〈あそび〉の時間を残しておき、学生の様子を踏まえて柔軟に内容を組み替えていくこと、その前提として教員と学生の間に対話的関係を構築する努力を行う必要性があることも指摘できる。向き合う当事者に対する偏見が大きかったり、言葉の壁によってコミュニケーションをとることが難しい場合に、ドキュメンタリーの視聴を通して理解を深める方法を取り入れたように、学生のつまずきや戸惑いに寄り添いながら学習内容を工夫することが求められる。

　フレイレは、水平的関係の中で対話が生まれる条件の一つに、「信頼」を挙げている（Freire 1968=1982: 99）。教員と学生、教員とカウンターパートとなる団体の支援者、学生と支援者、支援者と当事者など、関与する人々の間に信頼関係を築くことは、他者との出会いをよりよいものにし、そこから学びを生み出す上で、極めて重要であった。ボランティア学習が学習者の世界を開く契機となるためには、このようにキャンパスの内外で信頼関係の輪を広げながら、他者との出会いをコーディネートしていく力量が求められるのである。

謝辞

本章で取り上げた授業を実施する上で、ご協力を賜ったすべての個人・団体の皆様に心より感謝申し上げたい。また、原稿に貴重なコメントを寄せていただいたNPO法人仙台夜まわりグループ理事長の今井誠二様、レポート類の分析を快諾してくれた学生には深く感謝の意を表したい。なお、本章はJPPS科研費17K03918（研究代表者：西出優子）の助成による研究成果である。

注記

(1) 本章では、ボランティア学習の概念で統一するが、サービス・ラーニングとほぼ同義で用いている。サービス・ラーニングの概念に関しては、本書第5章を参照されたい。

(2) ボランティアという要素は含んでいないが、本章の問題関心と重なる教育実践としては、同和教育・人権教育の中で取り組まれてきた「参加型学習」の方法（森 1998）や、近年大学や地域で取り組まれている「ヒューマンライブラリー」の方法（坪井、横田、工藤 2018）があり、大いに示唆を受けた。

(3) 住居をもたず河川敷や駅舎等で暮らす人々は長く「浮浪者」と呼ばれてきたが、この呼称が差別的であることや労働者でもある側面を捨象としていること等に対して批判も高まり、90年代頃から「ホームレス」（その他「路上生活者」等）と呼称されることが増加した。しかし、彼らの支援に携わった人々は、本来であれば災害等で住居を失った人々も同様にhomeless peopleであるはずなのに、特定の人々を指して「ホームレス」と呼ぶのは問題であるとの立場から、「野宿者」という表現を用いた（生田 2016: 51-53）。本章ではこれらの問題意識を共有し、引用部を除いて原則として「野宿者」と記し、「ホームレス」はあくまで状態を指す語として用いる。

(4) こどもの里の取り組みは、重江良樹監督の映画『さとにきたらええやん』（2016年）で詳しく取り上げられ、社会的な注目を集めた。

(5) これは本書第3章でも取り上げられている「接触理論」（偏見の低減には個人としての接触が重要とする理論）の中で、「脱カテゴリー化」と呼ばれる認識の変化に相当すると考えられる（浅井 2012: 110)。

参考文献・資料

天田城介（2007）「福祉ボランティアの位置を見定めること：〈生きる価値〉と〈つながり〉の称揚によって失われるもの」、三本松政之・朝倉美江編『福祉ボランティ

ア論』有斐閣, pp.85-102.

浅井暢子（2012）「偏見低減のための理論と可能性」, 加賀美常美代・横田雅弘・坪井健・工藤和弘編著『多文化社会の偏見・差別：形成のメカニズムと低減のための教育』明石書店, pp.100-124.

Freire, P.（1968）*Extensión o comunicación*, Mexico: CIDOC.（=1982, 里見実・楠原彰・檜垣良子訳『伝達か対話か：関係変革の教育学』亜紀書房.）

Freire, P.（1970）*Pedagogia do Oprimido*, Rio de Janeiro: Paz e Terra.（=2011, 三砂ちづる訳『新訳 被抑圧者の教育学』亜紀書房.）

藤室玲治・江口怜（2017）「サービス・ラーニングを通してつちかう〈地域視点〉と〈人権感覚〉：東日本大震災以降のボランティア活動支援と市民性教育の可能性」, 東北大学課外・ボランティア活動支援センター『2016年度課外・ボランティア活動支援センター紀要』, pp.2-18.

権寧俊編著（2017）『東アジアの多文化共生：過去／現在との対話からみる共生社会の理念と実態』明石書店.

花崎皋平（2001）『増補 アイデンティティと共生の哲学』平凡社.

広田照幸（2015）『教育は何をなすべきか：能力・職業・市民』岩波書店.

本間龍（2018）『ブラックボランティア』角川書店.

池田浩士（2019）『ボランティアとファシズム：自発性と社会貢献の近現代史』人文書院.

生田武志（2012）『おっちゃん、なんで外で寝なあかんの？：こども夜まわりと「ホームレス」の人たち』あかね書房.

生田武志（2016）『釜ヶ崎から：貧困と野宿の日本』ちくま書房.

生田武志・北村年子（2013）『子どもに「ホームレス」をどう伝えるか：いじめ・襲撃をなくすために』太郎次郎社エディタス.

石田雄（2005）『丸山眞男との対話』みすず書房.

川本隆史（2008）『共生から』岩波書店.

木村佐枝子（2014）『大学と社会貢献：学生ボランティア活動の教育的意義』創元社.

小玉重夫（2016）『教育政治学を拓く：18歳選挙権の時代を見すえて』勁草書房.

丸山眞男（1996）『丸山眞男集』第十一巻, 岩波書店.

松岡廣路（2010）「ボランティア学習」, 柴田謙治・原田正樹・名賀亨編『ボランティア論：「広がり」から「深まり」へ』株式会社みらい, pp.161-179.

森実（1998）『参加型学習がひらく未来：「人権教育10年」と同和教育』部落解放・人権研究所.

森定玲子（2014）「ボランティアを組み込んだ教育：サービス・ラーニングの可能性」，内海成治・中村安秀編『新ボランティア学のすすめ：支援する／されるフィールドで何を学ぶか』昭和堂，pp.79-100.

長沼豊（2008）『新しいボランティア学習の創造』ミネルヴァ書房．

中西正司・上野千鶴子（2003）『当事者主権』岩波書店．

中野敏男（2014）『大塚久雄と丸山眞男：動員、主体、戦争責任』青土社．

仁平典宏（2011）『ボランティアの誕生と終焉：〈贈与のパラドックス〉の知識社会学』名古屋大学出版会．

桜井政成・津止正敏（2009）『ボランティア教育の新地平：サービスラーニングの原理と実践』ミネルヴァ書房．

渋谷望（2003）『魂の労働：ネオリベラリズムの権力論』青土社．

坪井健・横田雅弘・工藤和弘（2018）『ヒューマンライブラリー：多様性を育む「人を貸し出す図書館」の実践と研究』明石書店．

堤圭史郎（2010）「ホームレス・スタディーズへの招待」，青木秀男編著『ホームレス・スタディーズ：排除と包摂のリアリティ』ミネルヴァ書房，pp.1-29.

若槻健（2014）『未来を切り拓く市民性教育』関西大学出版局．

山北輝裕（2010）「野宿者と支援者の協同：「見守り」の懊悩の超克に向けて」，青木秀男編著『ホームレス・スタディーズ：排除と包摂のリアリティ』ミネルヴァ書房，pp.262-284.

第 3 章

言語と文化の違いを超えて
学生が学び合う国際共修授業

髙橋　美能

1 | 国際共修授業発展の背景

　1983年に日本政府は日本への留学生受け入れを強化すべく、「21世紀の留学生政策に関する提言」を発表し、「留学生受入れ10万人計画」を策定した。目標達成後の2008年には「留学生30万人計画」を発表して、これを具体的に実現するための計画として「国際化拠点整備事業（大学の国際化のためのネットワーク形成推進事業）」（グローバル30）を、2016年には「スーパーグローバル大学創成支援事業」を開始している（文部科学省高等教育局 2009）。同時に、日本人学生の海外留学を促進し、グローバルな人材を育成するため、2012年に「グローバル人材育成推進事業」を策定している。これらを受けて、国公立・私立大学では留学生を受け入れ、日本人学生を海外に送り出すために、学内のサポート体制強化や受入・派遣プログラムの開発を行っている。同時に、学内の国際化を図るべく、キャンパス内で留学生と日本人学生の交流を促し、共に学べる授業環境を整えることに取り組んできた。本章では、このような背景で開発された国際共修授業における他者との学び合いを考える。国際共修とは、「言語や文化背景の異なる学生同士が、意味ある交流（Meaningful Interaction）を通して相互理解を深めながら新しい価値観を創造する学習体験」[1] のことである。しかし、留学生と日本人学生が同じ空間にいるからといって、自然発生的に双方の間に良好な関係性が築かれ、意味ある交流がなされ、共に学び合うとは限らない。言語、文化や事前知識等の違いが阻害要因となって、双方の関係性がすぐには構築されないのである。

　本章では、国際共修授業における他者との学びを考えながら、クラス内で起こる言語や文化の葛藤、摩擦を乗り越える方法を検討する。このような授業を対象とする理由は、学年や国籍、専門分野の異なる多様なバックグラウンドの学生が1つの空間で学ぶことが、今や特殊ではなく普通になりつつあるからである。2019年4月、新たに外国人材の受け入れのための在留資格の創設等を内容とする「出入国管理及び難民認定法及び法務省設置法の一部を改正する法

律」が施行され、特定技能1号、2号制度が導入された。ここでは、特定産業14分野に属する相当程度の知識または経験を必要とする技能を要する業務に従事する外国人向けの在留資格が1号で認められるようになった。この特定産業には、介護や宿泊、外食業なども含まれており、今後ますます外国人の日本就職の機会が増えることが予想されている。このような中で、日本社会において多様な人々との共生は重要な課題となるだろう。留学生の国内就職も促進されることを考えると、大学の国際共修授業という1つの空間で留学生と日本人学生が共に学ぶ場のあり方を考える必要性も高まってきている。なぜなら、そこには教員がいることから、教員が多様な学生が集まる空間をファシリテートし、多様性を生かして双方の学びを高めていけば、学生同士の共生を図ることができるからである。本章では、留学生と日本人学生が共に学ぶ環境を有効に活用し、学習効果を上げるために実践上どのような仕掛けが必要で、効果的なテーマは何かを検討する。なお、本章では大学入学前から日本で学び、母語を日本語とする学生のことを便宜上日本人学生と呼ぶことにする。

2 ┃ 東北大学の現状

　東北大学は前節で紹介した留学生政策の全てに採択された唯一の国立大学であり、留学生数は右肩上がりに増加してきた。2019年5月時点で100か国・地域2,200人以上の留学生が在籍しており、東北大学生8人に1人が留学生である。
　東北大学では、キャンパスの国際化を目指し、留学生と日本人学生が交流できる場を定期的に設けている。同時に、学生自身も積極的に活動を行っており、学生団体の東北大学留学生協会（TUFSA）、留学生支援団体（IPLANET）、留学生支援サークル（@home）では、留学生と日本人学生の交流活動を行っている。また、大学は生活を共にする場として混住寮を設けている。混住寮では、キッチンやコモンスペースを留学生と日本人学生が共有する中で生活を通じて交流することができるようになっている。寮では、ウエルカ

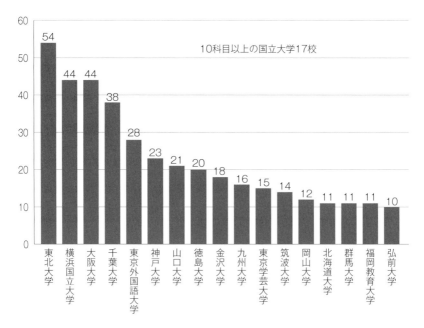

図3.1　国立大学の国際共修授業科目数

ムパーティーに始まり、日帰り旅行、バーベキュー、料理パーティー、スポーツ大会など、様々なイベントが行われている。2018年10月に青葉山キャンパス内に新設されたユニバーシティ・ハウス青葉山では、留学生と日本人学生が半々ずつ入居するという環境を準備している。

　また、東北大学は国際共修授業の開発・実践も積極的に行っており、国立大学では最多の授業提供数を誇る（髙橋 2019b: 7）。図3.1は筆者が2018年度に、全国の国立84大学のホームページを確認し、「留学生」「国際共修」をキーワードに絞り込み、国際共修授業の実施有無を確認した調査結果である。ここでは、授業における指導言語が日本語、または英語、両言語使用のものなど、あらゆる言語で実施されている国際共修授業を対象に調査している。シラバスが公開されていない大学もあり、調査方法には限界があるが、図3.1から国立大学の中で東北大学に国際共修授業提供科目数が他大学と比べて多いこと

が確認できる。

　しかし、本章の冒頭で述べた通り、学内で留学生と日本人学生が交流すれば、自然発生的に良好な関係性が構築できると安易に考えることはできない。そこには言語や文化の違いがあり、これらが阻害要因となることがあるからである。東北大学で実施した2016年度の在籍留学生対象ウェブアンケートで次のような課題も明らかとなっている。このアンケートの回答者数は605人で、回答率は28％であった。回答者の70％以上が「学内で日本人の親しい友人は4人以下である」と回答し、「同国出身の親しい友人も4人以下」が最多で半数近くに上り、留学生が学内で孤立しているという現状が浮き彫りとなった。留学生が孤立する背景には、大学が交流できる場や共に学んだり、生活したりする機会を提供しても、留学生がそれを活用していないことが示唆される。それでは、留学生にどのようなサポートが必要なのだろうか。本章は、国際共修授業の中で、言語や文化の異なる留学生と日本人学生が出会う場を有効に活用し、教員の介入により双方の関係性構築に活かしていく方策を具体的に考えていきたい。

　その前に、東北大学の国際共修授業について紹介したい。大学の授業というと、大教室で講義を聞くというイメージを持つかもしれない。近年、日本の教育現場では積極的にアクティブラーニングを取り入れた実践が行われている。東北大学においても、国際共修授業ではアクティブラーニングを取り入れ、学生が学び合うことを重視した授業スタイルが多くなっている。例えば、プロジェクトを企画・実施するスタイルのもの、ディスカッションを取り入れたり、プレゼンテーションを取り入れたりする形式のものなど、である。以下に2019年度の国際共修授業の科目名の一例を紹介する。

日本語を指導言語とする授業：
　コミュニケーションスキルのための演劇的ワークショップ展開編
　映像に見る日本語と日本文化
　歌に学ぶ日本の言葉と心

映画で考える近代日本史

留学生と日本人学生の協働プロジェクト

学生が創る日本語会話パフォーマティブ・エクササイズ

異文化コミュニケーションを通じて世界を知ろう

対人コミュニケーション・スキル

異文化理解実践－日本の文化や社会について内と外から考える

交流・関係・インバウンド人口拡大によって社会課題を解決せよin 秋保温泉

グローバルキャリア：グローバルな働き方を考える

留学生の為のキャリア教育実践

日本の企業文化と雇用慣行－英米から見た日本の雇用慣行とその変化

英語を指導言語とする授業：

Seminar for developing a sustainable society

Deepening one's understanding of oneself and others: Through cross-cultural interactions

Understanding Japan through Miyagi's Traditional Culture（Sendai Tanabata Festival）

Understanding Japan through Miyagi's Traditional Culture（Sparrow Dance）

Practicum in Education for International Understanding

Understanding Sendai Local Companies

Promoting Human Rights Education

Internationalization of Sendai City: Let's contribute to the local community!

Global Business Leadership

Career Development

（参照URL：http://www2.he.tohoku.ac.jp/center/keiji/info/kamoku_h31_03.pdf ）（閲覧2019/10/18）

　これらの授業科目名から、大学の授業であっても講義スタイルで学生が教員の説明を聞くという知識伝達型の授業ではなく、実践方法が多様で、学生が主体的に参加し、取り組むプロジェクトなどを取り入れた授業が提供されていることが分かる。また、実施場所も教室だけでなく、学外での発表の機会を取り入れたり、地域貢献の一環として広く発表するものまで様々である。本章では学外でのイベントやシンポジウムの開催といった特別な仕掛けを用意した実践ではなく、クラス内で行われた授業を取り上げ、他の教育実践においても参考になる示唆を紹介できればと考えている。

3 ┃ 国際共修授業における教育実践上の工夫

　筆者はこれまでの研究において、参加者同士が学び合い、良好な関係性を構築するために、学習環境条件と学習テーマの有効性について考察してきた（宮本 2012; 宮本 2013; 宮本 2014; 髙橋 2016）。その中で、学習環境条件として、心理学者オルポートの理論を援用してきた。オルポートは、白人と黒人が居住や職場で、他者と対等な関係で接触することにより、相手に対する偏見を軽減できるという「コンタクト仮説」を提唱している。さらに、双方の友好的な関係性を構築するために、①対等な地位、②共通の目的、③組織的な支援、の3条件が有効であると述べている（Allport 1954=1968: 240）。この3条件は約60年間、様々な研究で参照されてきた。筆者は、国際共修授業の学生間の関係性構築にこの3条件をあてはめて、以下のように解釈し、国際共修授業の学生間の関係性構築の土台としてきた。

- **対等な地位**（ここでは『対等な関係』とする）：参加する学生一人ひとりが、互いに言語や文化の違いを超えて、他者と共に学ぶ意識を持って授業に参加すること。
- **共通の目的**：学生が共に学ぶという目標を共有すること。

● **組織的な支援**（教員からのサポートを中心に考える）：オルポートは、コミュニティにおける静的なサポート（法整備など）を挙げていた。クラスは動的なものであることから、教員のサポートも動的になる（例えば、学生同士の学びでは気づかない視点やヒントを与え、足場作りをするなど）。そのため、ここでは教員から学生への学習サポートや学生同士のサポートを中心に考える。

　以上の3条件に加えて、授業はオルポートが対象としたコミュニティとは異なり、学習目的で集まる空間であることから、「対話」も重要な要素の一つではないかと考えてきた。心理学者三宮は、「メタ認知を促す支援法として、課題の事前、遂行、事後段階における『意見の異なる他者との討論』（対話）が効果的である」と述べている（三宮 2008: 34）。識字教育の理論家フレイレは、「教育の対話性」という言葉を用いて、「対話は人間同士の出会いであり、真の意味での人間化の一番大切な条件である」と述べている（Freire 1970=2011: 222）。つまり、「対話」はオルポートの理論の中には明示されていないが、クラス内で留学生と日本人学生が共に学ぶ環境を築く上で不可欠の要素となるだろう。

　これらの条件については、髙橋（2019a: 45-69参照）で詳しく説明していることから、これ以上触れない。ただ少し補足しておくと、本章で紹介する国際共修授業は学年や国籍、専門分野の多様な学生が集まり、学習テーマに対して専門をより深く学ぶというよりは、他者と共に学ぶことを重視して授業計画を立てている点に特徴がある。参加学生は、専門や学年に制限はないが、多くの場合、留学生は3、4年生で、日本人学生は1、2年生である。能力面において、3、4年生と1、2年生では発言の仕方や先行研究の分析方法に差があること、また知識面においても文系と理系では差が出てくることが予想される。また、指導言語は英語であるため、クラス内では日本人学生が人数的に少なく、言語面でもハンディキャップを負うこととなる。このように多様なバックグラウンドの学生が一つのクラスに集まるとき、最終目標をどのように定めるかが課題となる。筆者は、授業を始める前に受講生に対して事前の知識量を問うの

ではなく、各自が持っている知識、技能、態度を授業で高めることを目的とした授業であることを伝えている。

　筆者は、初回の授業で参加学生に受講目的を尋ねている。これまで筆者が約10年国際共修授業を担当する中で、共通して、次の3つの目的のいずれかであることを確認してきた。1. 知識習得、2. 日本人学生、または留学生と友人になる、3. プレゼンテーション能力の向上。このような理由もあり、授業設計においては、知識習得だけを目的とせず、アクティビティやプレゼンテーションを取り入れて、他者との学びを重視してきた。具体的には、全15回の授業のうち、前半10回を基本的な知識習得部分とし、テキストを用いて議論し、理解を深めながら、関連するアクティビティを行う。後半の5回は前半の知識を基に、グループでのプレゼンテーションや期末試験と振り返りとしている。前半の授業では、できる限り多様な学生が意見交換できるように、毎回グループのメンバーを変える。そして参加学生の特徴を把握した後、後半のグループプレゼンテーションでは、知識量の多い学生や知識習得を目的とする学生は同じグループとし、留学生や日本人学生と友人になることを目的とする学生は同じグループとするなど、メンバー構成は十分に検討しながら決定した。

　また、学習テーマや内容を決定する際は、留学生と日本人学生が自身と関連のある（当事者意識を持つことができる）トピックを選び、一人ひとりが主体的に参加できる活動を準備するようにした。なぜ当事者意識を持つことが重要であるのか。塘（2019）は、大学生が台湾で海外研修に参加する中で、文化・歴史について当事者の声を聞き、自身の内的葛藤に向き合い、価値観の変容を体験し、他者の痛みを「自分ごと」と捉えることができるようになった事例を紹介している（塘 2019: 68）。当事者意識を持つことの重要性は様々なところで指摘されている。例えば、第二次世界大戦から70年以上が過ぎた現在、原爆を体験した世代が高齢化し、戦争体験を後世に伝える方法が検討されている。若者自らが当時の写真をカラー印刷化し、写真から当時の様子がより鮮明になるとともに、カラー化する過程で高校生自ら歴史を読み解き、当事者として歴史を捉える目を養っていく姿があった。2019年8月15日（令和元年）の

終戦記念日には、初の戦後生まれの天皇陛下がお言葉を述べる中で、戦争を実際に経験した世代の気持ちを受け継ぐ姿が紹介されており、歴史的事実をわが事と捉える姿勢が社会の中でも重要視されつつあることが読み取れる。2011年に起こった東日本大震災の経験では、被災地の高校生が語り部活動を通じて、震災の風化を防ぐため語り継ごうと立ち上がっている。また、全国の災害被害に対して、全国の若者が中心となって地域だけの問題ではないと考えて立ち上がり、ボランティア活動に励んだり、被災地の現状について表現方法を工夫しながら発信したり、様々な取り組みを行っている。これらは一例であるが、私たち一人ひとりが、国内外の問題や課題に対して他人事と捉えるのではなく、当事者意識を持って関わろうとする姿勢が大切である。

　これからの教養教育は、知識や技能、態度の育成はもちろんのこと、国内外の課題を他人事としてではなく、当事者となって捉える姿勢を育成していくことが求められているのではないだろうか。本章では参加者一人ひとりが授業でとりあつかっている学習テーマに興味を持ち、他人事と考えていた事柄を身近な問題と捉えられるようになること、またそのような姿勢を育成していく方策を検討する。同時に、国際共修授業においてどのような仕掛けを用意すれば、留学生と日本人学生が共に学び良好な関係性を構築できるのかを考えていきたい。

4 ┃ 学習テーマとしての「人権」

　本節では、普遍的な概念である「人権」を取り上げた授業を紹介し、人権が多様なバックグラウンドの学生にとって参加者の興味・関心を高めるテーマになりうるのかを考える。その前提として、筆者は図3.2のような仮説を立てて、これまでの人権教育の実践において、これらを確認してきた（宮本 2012, 2013, 2014; 髙橋 2019a）。

　図3.2は、多様なバックグラウンドの学生が集まる中で、「人権」を切り口に

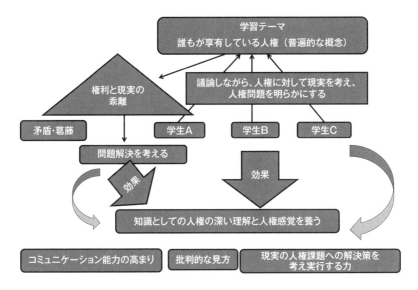

図3.2　国際共修授業で人権教育を実践する意義と効果

議論を始めるとき、学生一人ひとりが自身を振り返り、他者と人権課題を共有することで、問題をより深く理解し、具体的な解決方法を考えていくことができるようになることを示している。議論を深めていく中で、現実と人権の乖離に気づき、矛盾や葛藤を覚えることもあるが、教員が必要に応じて介入し、それらを超克して、解決に向けてアクションを起こそうとする力を身に付けていく。結果的に、図3.2の下に示す学習効果が得られ、「人権」が当事者意識を高める上で有効なテーマになりうることを示している。

　それではなぜ「人権」を取り上げるのか。髙橋（2019a）は次のような理由を挙げる。

①人権は普遍的であり、捉え方が人によって異なることから、1つの答えを求めるものではなく、このような考えに基づく人権は、学生に議論を始め、深める切り口となる。

②人権は誰にとっても関わりのある身近な問題であることから、事前の知識量に拘わらず、自らの経験を振り返ることで、他者と意見を交換し、議論することができる。

③人権は自己の文化、アイデンティティの形成に関わりがあることから、他者との議論を通じて、自文化が再確認される。

④学生の主体性を尊重しながら教育を進めるうえで、人権という共通規範が必要で、また人権を通じて、自己と他者の関係が構築される。

⑤人権教育を通じて築かれた「多文化共生」は、教室空間のコミュニティから社会につながり、一人ひとりが尊重される社会の発展に寄与する。よって、学習テーマとして「人権」を取り上げることで、単なる意見交換に終わることなく、世界の人権問題に対して、平和的な解決を考え、具体的に行動する力の育成につながり、高次のレベルの学習効果（人と人の関係性、社会変革力）をもたらす。

(髙橋 2019a: 112-117)

　つまり、多様なバックグラウンドの学生が共に人権教育を受けることで、世界で起こっている様々な人権に関わる問題を他人事ではなく、身近な問題と捉え、意識を高めていくことができるのではないかと考えている。次節では、筆者の人権をテーマとする実践を紹介しながら、学生が他者と共に学ぶことを通じて、自己と他者の関係性を構築する方策を検討していきたい。

（1）授業概要

　筆者は2018年度に東北大学の国際共修授業で「人権教育の促進」というタイトルで、全15回英語で科目を担当した。授業目標は、日本、および世界の人権課題について考え、その具体的な解決方法を考え、自ら解決に向けて行動に移す力を身に付けることであった。内容は、テキスト"Teachers and Human Rights Education"（Audrey Osler, Hugh Starkey 著, 2010年, Trenham Books 発行）を用いて、人権の総論として様々な権利について学び、留学生と日本人

学生が自身を振り返り、身近な人権問題について議論するものであった。授業はグループでのディスカッションだけでなく、関連するアクティビティを取り入れながら参加型で進めた。最後は、留学生と日本人学生がグループで人権課題を考え、解決策をアクションプランにまとめ、発表してもらった。その際に、ワークシート（Timeline）を用いて、横軸に生まれてから今までの自身の出来事を記入し、縦軸に横軸の時期に起こった人権問題を書き込みながら、自身の過去と現在を振り返る時間を設けた。その後、ペアで、またグループでTimelineを共有し、グループで話し合ってプレゼンテーションで取り上げる課題を絞り込み、特定の人権問題について掘り下げて考え、議論する機会を持った。

　参加者は10人で（日本人3人、留学生7人）、留学生の国籍はドイツ1人、中国1人、スウェーデン2人、インドネシア1人、レバノン1人、フランス1人であり、男子4人、女子6人であった。英語を母語とする学生はいなかった。筆者はクラス内で生じる「言語の問題」を解決するため、初回と最終回に学生に「言語サポート」に関するアンケート調査を実施し（参考資料の1と3）、授業中は言語面で参加学生が助け合い、関係性を構築することを促した。このアンケートは、筆者が2010年から国際共修授業を担当する中で継続的に実施しているもので、毎年アンケートを通じて学生同士が言語の問題を意識的に取り組み、相互支援を促すきっかけとなり、有効な手段の1つであることを確認してきた。なお、本章で紹介するアンケートや学生の回答・意見は、研究目的で引用することを回答者に確認し、了承を得ている。また、英語で書かれているものを筆者の方で日本語訳していることを断っておく。

（2）参加者の授業時の様子

　このクラスは少人数ということもあり、参加者のモチベーションは非常に高かった。初回の言語サポートに関するアンケート（参考資料1）では全員が「他者へのサポート」に前向きな回答をしていた。「近くに座り助ける」が3人、「休み時間に助ける」が3人、「その他」が4人であった。「その他」を選ん

だ学生は、2人が日本人学生、2人がスウェーデンからの留学生であった。日本人学生は2人とも「英語力に自信がないので英語を頑張る」と記入していた。スウェーデンの学生は共通して「必要があれば助ける。そうでないと他者の自立心を侵害することになる」と記述していた。スウェーデンの学生が記述した意見は、毎年必ず1人以上の留学生から出されている意見である。これは日本人学生からこれまで一度も出されたことのない見解である。2回目の授業では、筆者の方から初回アンケートの結果を参加学生に説明し、クラス内には言語サポートに対して異なる見解を持った学生が集まっていることを伝え、助けが必要であれば、直接相手に伝える必要があることを説明している。そして、言語面で互いにサポートすることをクラス目標として取り組むことを伝えた。毎回授業後には、振り返りシート（参考資料2）を渡して、学生に授業時の自身の参加と他者サポートを振り返ってもらった。授業は、毎回3グループ（1グループ3人、または4人）に分けてディスカッションする機会を持ち、できる限り全員がグループに参加・発言できるようグループのメンバー構成を工夫し、サポート役の学生を配置しながら、相互支援を促した。しかし、留学生の中には語学面で他者への配慮に欠ける学生がいた。これらの学生は語学力の高い学生であった。授業中は積極的に自身の意見を述べ、グループ活動でも活発に発言していたが、他者の発言に傾聴する姿勢に課題が見られる様子もあった。一方で、他者の言語面でのサポートに対して課題はあったが、テーマに対する興味・関心は高く、積極的に自身の体験を他者に伝え、議論しようとしていた。しかしながら、自身の経験を他者に伝える思いが強く、グループ内の議論に支配関係が生まれているようにも思われた。

　また、本クラスは人権というセンシティブな問題を取り上げたことで、国によって人権課題が異なり、複雑な思いを抱く学生もいた。人権をテーマに取り上げる際は、言語の問題に対して配慮するだけでなく、参加学生が自身の人権問題を他者に伝えたり、他者から人権問題を聞いて人権理解を深めていったりする中で、学生の内心に摩擦や葛藤を覚えることがあることを予測し、サポート体制を敷いておく必要がある。本実践では、グループ・ディスカッションの

後に出された議論を全体で共有する中で、フォローが必要だと感じる場面があり、筆者は授業後、個別に声をかけながら学生と対話した。

（3）多様なバックグラウンドの学生と共に学ぶ効果

　前項で述べた通り、人権を授業で扱うことは簡単ではないが、多様なバックグラウンドの学生が共に学ぶことで、得られるメリットも大きい。筆者は最終回のアンケートで言語サポートについて尋ねるだけでなく、国際共修授業で人権教育を学んだ成果について尋ねている（参考資料3 (3)）。ここで先の図3.2の学びの効果毎に、学生の回答をいくつか紹介する。英語で記述された内容を筆者の方で日本語訳している。

人権の深い理解

* 本で読んで学ぶ人権ではなく、クラスメートから直接話を聞くことで人権問題に対して意識が高まり、解決方法を具体的に考えることができた。他者と議論する力、他者と共に学ぶ姿勢も変わった（中国人男子留学生）
* 授業を通じて人権としての権利を有する意味を深く学ぶことができた（レバノン人女子留学生）

コミュニケーション能力の伸長

* 他者の経験を聞く力が伸びた。他者の文化や考えを尊重し、他者と共に学ぶ事の大切さに気付いた（ドイツ人男子留学生）
* 自分の意見を述べる力、そして積極的に議論に参加する力を学んだ（日本人男子）
* 英語でのコミュニケーション能力が高まった（日本人女子）
* 人権問題を解決するうえで知識は重要であることを学んだ。そして議論すること、他者から学ぶことの大切さに気付いた。教育を通じて人権問題の解決につながることを実感した（スウェーデン人女子留学生）
* これまで知らなかった人権について学んだ。他者の話を聞くことの大切さを学んだ（スウェーデン人男子留学生）
* 英語で表現することは難しかったが、何とか理解しようと努力し、コミュニケ

ーション能力を高めることができた。クラスメートは宿題をしっかり準備して
きていたので、私も頑張ろうと励みになった（日本人女子）

批判的に分析する力

● 自身の経験を他者に伝え、他者の経験を聞くことで、人権の理解が深まり、他
者と議論する力、またそれを批判的に読み解く力を身に付けることができた
（フランス人女子留学生）

人権問題の解決に向けた行動力

● 議論を通じて他者から多くのことを学んだ。ニュースをよりしっかり聴くよう
になり、世界の人権問題に対して、何かできることがあると信じるようになっ
た（インドネシア人女子留学生）

このように、多様なバックグラウンドの学生が集まるからこそ、身近でなか
った問題が、隣のクラスメートの口からきかれ、意識を高めることができた。
例えば一番上に挙げた中国人留学生男子の意見には、授業を通じて、それまで
問題意識は低かったが、クラスメートから直接話を聞き、身近な問題と捉える
ことができるようになったこと、他者との関係性を構築することにもつながっ
たことが述べられている。つまり、本クラスでの学びの成果として、それまで
身近でなかった問題に対して、当事者となって考えられるように意識が変化し
たことが確認できる。その他、図3.2に示した学習効果に対して、本事例の学
生の意見から、人権の理解の深化、他者に自身の意見を伝える技能、問題を批
判的に分析、捉える力、問題を解決しようとする行動力を身に付けることがで
きたと考えられる。

（4）実践上の工夫

前節でまとめた効果を得るために、本実践では先に紹介したオルポートの3
条件および対話を取り入れながら進めると共に、次のような工夫を取り入れた。

①言語サポートに関するアンケート調査の実施

　先にも説明したが、初回の授業時に学生にアンケート（参考資料1）を用いて「言語面での相互サポート」に関して意識を尋ねた。2回目の授業でアンケート結果をフィードバックしながら、参加者にサポートに対して多様な考えがあることを伝え、クラス目標として「学生同士の言語サポート」を掲げ、クラス全体で取り組むことを促した。その後、毎回授業終了前に学生に振り返りシート（参考資料2）を配り、自身のサポート状況を振り返り、次回の授業時の目標を立てさせた。最終回の授業では、初回と同じ質問項目で言語サポートに関する意見を尋ね、授業での体験を踏まえて振り返り、まとめてもらった（参考資料3）。

②筆者とティーチングアシスタントとの協働での授業運営

　筆者とティーチングアシスタント（TA）が、授業中学生の様子を記録し、授業後に振り返りの時間を設けて言語面でサポートの必要な学生について話し合った。そして、サポート役になる学生とサポートの必要な学生のマッチングを検討し、次週のグループのメンバーを決定した。

③参加者同士の学び合いを活性化させる工夫

　全15回の授業を前半と後半に分け、前半は言語に配慮しながら毎回グループのメンバーを変え、できる限り多様な学生と議論ができるように配慮した。後半は筆者とTAが、授業時に残した記録を参考にしながら、国籍や性別が多様になるように、また積極的で発言の多い学生が同じグループのメンバーになるように、メンバー構成を検討した。そして、固定グループのメンバーを決定し、最後のプレゼンテーションまで、同じメンバーで活動してもらった。

　また、毎回学生が教員の説明を聞くだけでなく、一人ひとりが参加して発言できるように、ディスカッションしたり、ビデオ教材やアクティビティ、ゲストスピーカーの招聘などを取り入れて、毎回手法を変えながら進めた。

④事前課題を出すことで参加者の発言を促す取り組み

　英語にハンディキャップのある学生も発言できるように、事前に授業で取り上げるトピックのリーディングとワークシートを渡し、準備してから参加することを促した。授業では教員から補足説明を行った後、学生が事前課題でまとめてきた意見をグループのメンバーと共有し、ディスカッションしてもらった。

⑤人権というセンシティブなテーマを取り上げる際のルール

　初回の授業でクラスルーム・ルールを話し合い、クラス内で守るべきルールを参加者に考えさせた。このことで、学生は自己と他者の間で守るべき規則を互いに理解しながら参加することができた。

　また、人権をテーマに自身の意見や経験を共有する際に気を付けるべきこととして、教員の方からも、ⓐクラス内で出された意見はクラス内にとどめること、ⓑクラスの中で学んだことは積極的に外で行動に移すこと、ⓒ自身について語りたくない場合は、身近な他者について語ってもよい、というルールを提示し、参加者から同意を得た上でクラスルーム・ルールに加えることとした。ここに挙げたⓒの点は、人権というセンシティブな問題を取り上げる際に重要になってくる。グループやクラス内でのディスカッションを通じてフォローが必要な学生には、授業後に教員の方から対話する機会を持った。学生と共に話し合って決定したクラスルーム・ルールは、2回目の授業時に資料として配布し、定期的にルールを振り返りながら授業を進めた。

⑥学生と教員が対話しながら築く民主的なクラス運営

　全15回の授業を通じて、筆者はトピックを選ぶ際に、学生が当事者となって考えられるものを検討した。また、教員は民主的な学習環境を築くことを目標に、学生の様子を確認し、常に学生と対話しながら授業を進めたことで、学生一人ひとりの意欲的な参加が得られた。

　以上の実践上の工夫は、留学生と日本人学生の間の関係性構築に少なからず

効果を及ぼしたと考える。加えて、学習テーマとしての「人権」は、参加者が当事者となって考えられるテーマであるだけでなく、クラス内に人権文化を築く柱となっていた。具体的には、一人ひとりがクラスに参加する上で他者の人権を守ることが大切であると気づき、クラス内で実行されたことだ。その中で、クラスルーム・ルールの設定や、教員と学生の対話が効果的であった。一方で、他者傾聴という点では、語学力の面でハンディキャップを感じ、語学力が高く、発言の多い学生に消極的な学生が圧倒され、クラス内が積極的・消極的な学生に分かれ、グループ内で支配的関係が築かれたところもあった。この点は教員がクラスに参加する学生に対して、自身と他者の人権を意識して臨み、クラス内で自己と他者の関係性を構築することを目標に一人ひとりが取り組むよう促すべきであったと考える。実践面において課題は残されているが、多様なバックグラウンドの学生が集まることで、人権の理解の深まりを越えて、身近でなかった人権問題が自身と関わりのあることに気付き、意識が高められたことも確認された。

5 ┃ 別のテーマで実践した事例

　前節までの実践は、人権をテーマに取り上げた事例であるが、他のテーマで同様の効果を得ることはできるのだろうか。ここで以下のテーマで実践した授業を紹介したい。

　科目名は「国際理解教育の実践」で、同じく筆者が2010年から実践を継続してきたものであるが、ここでは2019年度に実践したものを紹介する。以下は概要である。

指導言語：英語
授業目標：①国際理解教育に関わる知識の習得、②他者と共に議論し学ぶ姿勢の
　　育成、③プレゼンテーション能力の向上

受講者数：13人（留学生10人、日本人学生3人）男子3人、女子10人

受講者の国籍は、ロシア（1人）、香港（1人）、レバノン（1人）、アメリカ（1人）、台湾（2人）、フランス（2人）、シンガポール（2人）、日本（3人）

授業の流れ（全15回教室内での授業）：

前半10回の授業は国際理解教育に対するユネスコの方針や各国の実践状況を学び、留学生と日本人学生が議論やアクティビティを通じて理解を深める。後半4回はグループでプレゼンテーションを行う。ここでは、留学生と日本人学生が重要だと思う教育課題を挙げ、解決策を提案する。最終回は振り返りと期末試験を行う。

授業の進め方：アクティブラーニングで、ディスカッション、プレゼンテーションを取り入れ、学生参加型で進めた。

評価：出席・授業貢献度、グループプレゼンテーション、課題提出、期末試験

　実践上工夫した点は前節に説明したことと変わりはないが、本節では前節で説明しなかった学生の回答や意見を紹介し、考察を深めたい。まず、本実践においても初回と最終回の授業で、言語サポートに関するアンケートを配布し、学生がクラス内の言語の壁に対して意識的に取り組んだ。アンケートを通じて参加学生の初回と最終回の言語面での意識変化を確認した学生は13人中4人いた。

　1人は日本人学生で、3「休み時間に助ける」から2「近くに座り助ける」に変化した。留学生3人のうち1人は、3「休み時間に助ける」から4「その他」に変化した。理由には「どのように助けてほしいか聞く」とあった。他の留学生は2「近くに座り助ける」から4「その他」に、理由は「分かり易い言葉で聞く」、また4「その他」から2「近くに座り助ける」に、理由は「何が困っているか聞く」であった。このように、アンケートの初回と最終回の回答結果はあまり変化していないことが分かる。ここで重要なことは、学生の意識変化ではなく、アンケートを通じて学生がクラス内に言語の壁があることに気付き、教員は学生が互いにサポートし合えるように、促すことではないだろうか。

　初回の授業で取り入れたクラスルーム・ルールについては、以下のような意

見が出された。

- 他者の意見をしっかり聞く
- 全ての学生の意見や考え方を尊重する
- 他者の意見に対して、真剣に答える
- 積極的に参加するが、場合によってはパスしても良い
- 他者に聞こえるように大きな声で発言する
- 誰もが必ず一回は発言できるようにする
- 英語を使うことに自信を持つ

　前節の実践と同様、筆者の方から以下を補足し、同意が得られればクラスルーム・ルールに追加することを伝え、同意を得たうえでルールとしながら授業を進めた。但し、ここではもとⓒとして挙げた3つ目のルールは追加しなかった。

- クラス内で出された意見はクラス内にとどめる
- クラスの中で学んだことは積極的に外で行動に移す

　これらのルールは、2回目の授業で学生と再度確認し、その後の授業においても定期的にリマインドしながら授業を進め、学生自ら考えたルールをクラス内で守ることを促した。

（1）参加学生の変化

　全15回を通して、全体的に真剣な授業参加が見られたが、次のような変化も見られた。

- 日本人学生3人のうち、1人は最終プレゼンテーションの準備段階で辞退した。2人の日本人学生はいずれも1年生で最後まで積極的に参加した。

- 留学生の中で英語・日本語両言語に自信のある学生は、積極的にグループをリードしてディスカッションやアクティビティに参加する様子が見られた。
- 徐々に留学生と日本人学生の関係性が構築され、グループ活動が活発化していく様子が確認された。
- 最終のプレゼンテーションでは、グループのメンバーにより発表の内容や仕方に差があった。

　特に最後のプレゼンテーションについて補足すると、グループ内で教育問題を話し合い、自身の考えを中心に発表したグループが2つあった。テーマは1グループが英語学習の仕方（ネイティブ講師活用の重要性を強調）で、もう1グループは教授法の改善（アクティブラーニングの積極的導入）であった。他方、問題点を絞点化した後に、しっかり情報収集を行った上で、グループの意見と解決策を提案したグループが2つであった。テーマは2グループ共通でメディアリテラシー（メディアリテラシーの課題と活用法を提案）であった。ここで、グループにより発表内容に差が出ていることがわかる。前節の冒頭でも説明したが、国際共修授業に集まる学生には、1）知識習得、2）日本人学生、または留学生と友人になる、3）プレゼンテーション能力の向上、と異なる目標があり、グループのメンバーにより発表内容に差が出たことも、参加目的の違いによるものであると考えられる。前者2グループは、留学生と日本人学生が友人になることを目的とする学生たちであった。後者2グループは、知識習得を目的としていた。教員である筆者は、これらの学生の目的意識を踏まえ、意図的に知識量の多い学生を同じグループにし、意見交換を大切にする学生を同じグループにした。事前の参加者の知識量と授業への参加目的が異なることを考えると、グループのメンバーを考える際に、教員は同じ目的意識を持つ学生同士が学び合えるような配慮も必要ではないだろうか。

（2）成果と課題

　本節の実践においても前節と同様に、最終回にアンケートをとり、留学生と

日本人学生が共に学ぶことを通じて、参加学生は世界の様々な教育問題を多角的に学び、視野を広げ、コミュニケーション能力を高め、問題を批判的に捉える力を身に付け、解決策を考え、提案する力を高めることができた。しかし、以下のような課題も残された。ここには国際共修授業に共通する課題もあれば、学習テーマに関わる課題もあるように思われる。

①日本人学生・留学生の人数のバランス、日本人学生の辞退

　指導言語が英語の場合、日本人学生の数が少ない傾向にある。本授業が教養教育としての位置づけにあるため、留学を希望する日本人学生が受講するケースが多い。ただ、一旦留学の内定をもらうと、授業の参加を辞退する学生が出てくる。今後はこのような学生のモチベーションを維持する工夫が必要である。もちろん、留学が決まり、モチベーションが高められて最後まで積極的に参加する日本人学生もいる。

②学生の参加を促すアクティビティの開発

　授業は毎回方法を変えながらアクティブラーニングを取り入れて進めている。その中でアクティビティは有効であるが、学生の興味を引くアクティビティは限られていることも明らかとなっている。今後、学生の興味を高めるアクティビティを開発することも課題である。

③参加学生のモチベーションの差

　①で挙げた点とも重なるが、全15回の授業を通じて参加学生のモチベーションを維持することは難しい。また、学生によってモチベーションに差がある。参加者一人ひとりがコースを通して習得したい目標を設定し、教員は、1回1回の授業がそのプロセスであることを伝え、欠席することで重要な学びの機会を失うことを意識させる工夫も必要である。

　また、このモチベーションの差を解消するためには、当事者意識がもてるテーマを設定し、身近な問題であるとの気付きが得られるような学習計画を立て

ることが有効ではないだろうか。この点について、前に紹介した事例は、人権という普遍的なテーマを取り上げて一人ひとりが当事者となって考えられるテーマやアクティビティを用意しながら進めた。特に、最終プレゼンテーションの課題で、Timelineを用いて自身を振り返り、当事者となって考える時間を設けた。本事例も同様の視点で進めてはいたが、教育というテーマでの議論は、自身の教育事情を振り返ることはあっても、最終的に国の政策や学校事情により、個々人ではどうにもならない問題に直面してしまった。結果として、自国と他国を比較するといった議論に発展し、当事者意識に欠ける結論が導きだされたグループもあった。ここでは、学習テーマの設定の重要性、さらに、実践において当事者意識を持たせるアクティビティや課題を検討する必要性が示唆された。

④グループのメンバー構成

①と③の点と重なるが、参加者の国籍や性別、積極性や参加目的を考慮してメンバーを考え、グループを作って活動してもらっているが、マッチングが難しい。授業に対してモチベーションが低かったり、欠席をしたりする学生は、積極的に授業に参加する学生の足をひっぱることとなり、グループ活動がうまくいかなくなる。一人ひとりの参加意欲を高めることに加え、グループ活動での貢献度に差が出ないよう、教員は参加者の意識を高める工夫が欠かせない。

⑤TAの活用

筆者が国際共修授業を担当してきた約10年間、様々なTAと出会い、対話しながら共に授業を作ってきた。数年間、継続的に協力してくれたTAとは信頼関係を築き、コミュニケーションも取れてきたが、1年間のみTAを担当してくれた学生とは、なかなか意思疎通が難しかった。TAの中には、アルバイトと割り切って業務にあたる学生もいれば、国際共修授業に興味があり担当してくれた学生もいた。いずれにしても、アクティブラーニングを進める上で、TAの補助は欠かせない。今後は、参加学生とTA、そして教員が1つのクラ

スを共に築く構成員であると考え、TAの育成も検討していきたい。

6 ｜ 学習テーマの選定と多様性を生かす教育実践

　本章では、留学生と日本人学生が共に学ぶ国際共修授業を対象にクラス内で
学生同士が学び合い、良好な関係性を構築する方法を検討した。その中で、ク
ラス内で起こる「言語の問題」に取り組みながら実践した事例を紹介し、テー
マの有効性を検討した。本実践では、教員がクラス内で言語の問題に配慮した
実践を行うことで、参加者が互いにサポートする意識を持って臨むことができ
た。また、授業テーマとして誰もが自分のことと捉えられるテーマ「人権」を
取り上げたことで、参加者一人ひとりが自分を振り返り、意見や経験を他者に
語ることで、参加することに対する興味・関心が高められた。ここでは「人
権」という普遍的な概念が、多様なバックグラウンドを持つ学生にとって、議
論を始める切り口となり、自身の経験を振り返って他者と共に学ぶことの意義
を確認することができた。実践者である筆者は、まず初回の授業で参加学生に
守るべきルールを考えさせ、クラス内でそれらを共有し、授業時には教員が学
生と対話しながら民主的なクラス運営に努めた。ただ、人権はセンシティブな
問題でもあり、当事者となって考え、他者と人権課題を共有する際には、特別
な配慮が必要であることも示唆された。

　クラス内での協働学習は、その他のテーマでも可能であると考える。本章で
は「国際理解教育の実践」というテーマでの事例を紹介した。その中で、参加
学生のモチベーションの維持に課題が残されたことを説明した。今後は、人権
をテーマに取り上げた授業と同様に、テーマに対して身近な問題と捉える姿勢
をいかに育成していくかが重要となろう。筆者は「博物館や美術館」をテーマ
とする授業においても同様の実践を重ねている。ここでは、留学生の出身国の
博物館や美術館事情や留学生から見える展示物に対する見解を日本人学生に共
有する中で、参加者全員が新たな気づきと学びを得、グループ活動が活性化さ

れてきた。重要なことは、学生の興味・関心を高めるうえで、参加者一人ひとりが当事者となって考えられるテーマを設定することであり、留学生自身も、自国で見てきたこと、考えていることを共有しながら、主体的に参加することで、学び合いの関係性を築くことであろう。

　本章で紹介した「人権教育の促進」と「国際理解教育の実践」の2事例では、共通して得られた学習効果として、学習テーマに対する知識の深化に加え、コミュニケーション能力の高まり、批判的な見方、現実の問題に対して解決策を考え行動する力を身に付けることができた。

　グローバル化する社会の中で、参加者の多様性を活かした教育実践とその学びの効果は、今後ますます注目されるだろう。また、授業を通じて構築された学生間の関係性は、留学生の孤立を解消することにもつながっていくだろう。本章で得られた示唆や実践上の工夫は、多様なバックグラウンドの学生が集まるクラスに限定されるものではなく、その他の実践においても援用が可能であると考えている。なぜならば、一人ひとりがみな異なる文化背景を持っており、多様な他者との学びという点では共通しているからである。教育実践は、マニュアル化できるものではないが、事例を重ねながら、今後も新たな知見を得、発信していきたい。

謝辞

本章は、国際共修授業における効果的な学習テーマを検討するため、2つの授業で受講生の態度や発言を基に、考察を加えたものである。実践者である筆者も、受講生と共にクラス内の課題を考え解決策を試みる中で、授業を実践する新たなティップスや知見を得ることができた。この場を借りて、受講生の皆様のご協力に心より感謝申し上げたい。

注記

⑴　東北大学グローバルラーニングセンター「国際共修授業」, http://www.insc. tohoku.ac.jp/japanese/global/exchange/jointprograms/（閲覧2019/10/26）。

参考文献

Allport, G. W.（1954）*The nature of prejudice, Reading*, Massachusetts: Addison-Wesley Publishing Company.（=1968, 原谷達夫・野村昭訳『偏見の心理』培風館.）

Allport, G. W.（1981）*The Nature of Prejudice, 25th Anniversary Edition*, New York: Addison-Wesley Publishing Company.

Freire, P.（1970）*Pedagogia do Oprimido*, Rio de Janeiro: Paz e Terra.（=2011, 三砂ちづる訳『新訳 被抑圧者の教育学』亜紀書房.）

松本久美子（1999）「留学生と日本人学生の初級会話合同クラス：双方向学習による異文化コミュニケーション能力の育成」,『長崎大学留学生センター紀要』第7号, pp. 1-33.

宮本美能（2012）「大学における人権教育の実践：留学生と日本人学生の混合クラスの一考察」, 日本人権教育研究学会『人権教育研究』第12巻, pp. 88-101.

宮本美能（2013）「大学生の多様なバックグラウンドを生かした教育活動：留学生と日本人学生の混合クラスにおける人権教育プログラムからの示唆」, 日本人権教育研究学会『人権教育研究』第13巻, pp. 1-14.

宮本美能（2014）「多文化クラスで人権教育を実践する意義：授業の実施前と後の質問紙調査結果に基づいて」, 日本人権教育研究学会『人権教育研究』第14巻, pp. 75-88.

文部科学省高等教育局（2009）「大学の国際化について」, http://www.mext.go.jp/b_menu/shingi/chukyo/chukyo4/025/gijiroku/__icsFiles/afieldfile/2010/01/15/1287996_1.pdf（閲覧2019/10/18）

里見実（2010）『パウロ・フレイレ「被抑圧者の教育学」を読む』太郎次郎社エディタス.

三宮真智子（2008）『メタ認知：学習力を支える高次認知機能』北大路書房.

髙橋亜紀子（2005）「日本人学生と留学生とが共に学ぶ意義：『異文化間教育論』受講者のコメント分析から」,『宮城教育大学紀要』40号, pp. 15-25.

髙橋美能（2016a）"Case Study of An International Joint Class With International and Japanese students: Learning Effects and Approaches taken regarding Language" *Osaka Human Sciences*, Graduate School of Human Sciences, Osaka University, 第2号, pp. 151-169.

髙橋美能（2016b）「国際共修授業における言語の障壁を低減するための方策」,『大阪大学大学院 人間科学研究科紀要』第42巻, pp. 123-139.

髙橋美能（2016c）「留学生と日本人学生の間に多文化共生の関係性を促進する方策：国際共修授業の事例考察を基に」,『留学生交流・指導研究』第19号, pp. 45-58.

髙橋美能（2018）「国際共修授業における多文化共生の実現：学生同士の言語サポートを促すことを通じて」, 国立大学留学生指導研究協議会『留学生交流・指導研究』第21号, pp.49-62.

髙橋美能（2019a）『多文化共生社会の構築と大学教育』東北大学出版会.

髙橋美能（2019b）「国際共修授業の普及と多様なバックグラウンドの学生同士の多文化共生」, 日本学生支援機構『留学交流』（ウェブマガジン）, vol.100, https://www.jasso.go.jp/ryugaku/related/kouryu/2019/__icsFiles/afieldfile/2019/07/09/201907takahashimino.pdf（閲覧2019/10/26）

田崎敦子（2002）「英語を共通語とした大学院における異文化間コミュニケーションクラスの試み：タスク活動における教師の役割」,『異文化間教育』16号, pp. 140-150.

塘利枝子（2019）「文化・歴史の多声性を取り入れた国際交流における学び：大学生の台湾研修を通して」, 異文化間教育学会『異文化間教育』50号, pp.52-71.

恒松直美（2006）「短期交換留学プログラム留学生のための英語で行う授業の日本人学生への開講ニーズ調査」,『広島大学留学生センター紀要』16号, pp. 31-53.

恒松直美（2007）「短期交換留学プログラムの英語で行われる授業：自己と異文化適応」,『広島大学留学生教育』11号, pp. 9-23.

横田雅弘（1991）「留学生と日本人学生の親密化に関する研究」,『異文化間教育』5号, 81-97頁.

吉村雅仁・南美佐江（2018）「多言語を扱う英語授業の試み：日本の中等教育における言語意識教育と期待される効果」,『奈良教育大学教職大学院研究紀要「学校教育実践研究」』10巻, pp. 11-20.

参考資料１　初回アンケート（以下、質問項目のみ）

（1）クラスの中に言語の問題で、なかなかクラスやグループ活動に参加できないクラスメートがいます。あなたはどうしますか。以下の質問に答えてください。

　　①自分がとる行動に最も近いものを１つ選んで〇を付けてください。
　　　1.　何もしない
　　　2.　近くに座り助ける
　　　3.　休み時間に助ける
　　　4.　その他（具体的に記述してください）。
　　②理由を記述してください。

（2）本授業の受講目的、達成したい目標を記述してください。

参考資料２　振り返りシート（以下、質問項目のみ）

（1）グループのメンバーを言語面でサポートしましたか。または、メンバーから助けられましたか。本授業を通じて、「助ける／助けられる」体験から学んだことをまとめてください。
（2）言語面でのサポートについて、次の授業での目標を設定してください。

参考資料３　最終回アンケート（以下、質問項目のみ）

（1）初回の授業で、皆さんにアンケートを配布し、「言語の問題で、なかなかクラスやグループ活動に参加できないクラスメートがいます。あなたはどうしますか。」と尋ねました。本授業を通じてあなたの意見は変わりましたか。以下の質問に答えてください。

　　①自分がとる行動に最も近いものを１つ選んで〇を付けてください。
　　　1.　何もしない
　　　2.　近くに座り助ける
　　　3.　休み時間に助ける
　　　4.　その他（具体的に記述してください）。
　　②理由を記述してください。

（2）授業を振り返って、どの程度他者を助けたのか思い出してください。もし、助けられた場合にはその時の様子を思い出してください。「助ける／助けられる」経験から、どのようなことを学びましたか。自身の意見をまとめて記述してください。

（3）本コースを通じて得られた学びを知識、態度、技能、行動、という観点から具体的に説明してください。

第 4 章

「言語の壁」を超える
トランス・ランゲージング
の学び合い

島崎 薫／プレフューメ裕子

1 ┃ 国際共修におけることばや言語の問題

　現在、グローバルに活躍できる人材を育成するために、様々な教育機関で異なる言語・文化的背景を持つ他者と学び合う授業や課外活動などが行われ、国際共修、多文化間共修、多文化クラスという名称で呼ばれている。日本の大学は制度上、海外から来た留学生と国内学生[1] とを分けてカリキュラムや履修を実施していることが多く、大学の教育制度の中で両者に隔たりができがちである。そんな中、国際共修は、「言語や文化背景の異なる学習者同士が、意味ある交流（meaningful interaction）を通して多様な考え方を共有・理解・受容し、自己を再解釈する中で新しい価値観を創造する学習体験」（末松 2019: iii）と定義づけられ、制度上の統合は難しくとも、教育実践の場で共に学ぶ環境を整えようという試みとして行われてきている（末松 2019）。

　さらに、国際共修はこれまで数多くの教育実践が行われ、実践の中で起こる様々な課題について検討されてきており、中でも、ことばや言語の問題は重要な位置を占めると言えるだろう。それは、「意味のある交流（meaningful interaction）を通して多様な考え方を共有・理解・受容」（末松 2019: iii）する上でことばや言語はなくてはならない存在であるのはもちろん、ことばや言語を使って他者とコミュニケーションをとり、それを学ぶ場ともなっているからだ。本稿では、その国際共修におけることばや言語のあり方とその学習について、トランス・ランゲージングの考え方を用いながら捉え直しを図りたい。

2 ┃ 「言語の壁」とは何か

　国際共修の大きな課題の一つとして、学生間の言語運用能力の差から生じる「言語の壁」がある。例えば、英語による国際共修では日本人学生／国内学生のコミュニケーションにおける積極性が下がり、ディスカッションに参加しな

かったり、意見を言わなかったりしてしまう事例が報告されている（坂本 2013; 山田 2019など）。日本語による国際共修でも、山田（2019）が言いたいことが上手く伝えられないという留学生の声を紹介している。さらに髙橋（2016）は英語で学ぶ国際共修の授業で、途中で授業を辞めてしまった日本人学生の事例を取り上げて分析している。辞めてしまった理由として、その日本人学生の英語能力の不足に加え、同じグループだったヨーロッパからの留学生に授業の共通語である英語が話せないということに対して手助けする必要はないという意識があったのではないかと指摘する。この学生の場合は、指定された言語を十分に運用できないことで、授業に参加する資格がないように思ってしまった典型的な例だと考えられる。日英両言語使用の場合に関しては、坂本（2013）では限られた時間の中でプロジェクトを遂行しなければならないため、国内学生はプロジェクトを進めることを優先すると安易にコミュニケーションがとれる日本語に偏ってしまう傾向があると述べている。その結果、留学生が置き去りになってしまう可能性があるということだ。このように教室での言語使用のあり方によって、使用言語ができる人／できない人、その言語が得意な人／不得意な人、サポートする人／される人といった言語能力の優劣が生まれ、そこにその言語を話す人数や立場も合わさって力関係が生じ、弱い立場の人たちが自己表現できない、伝えられない、発言権がないという状況に陥ってしまっている。

　教室での学生のダイナミクスに加えて忘れてはならないのが、言語自体もそれぞれ社会的、政治的な位置づけや意味づけがあるということである。例えば、髙橋（2016）の授業を辞めてしまった日本人学生の事例でも、教室の使用言語として決められた言語が上手く使えないということはもちろんあるが、「世界共通言語である英語」が話せるべきであるにもかかわらず、それを話せないというような英語至上主義とも言えるものの見方が存在し、知らず知らずのうちに壁として現れている可能性がある。

　こういった現状を踏まえ「言語の壁」を克服しようと試みた研究もある。宮本（2015）では日本語で実施された国際共修での言語面でハンディがある留学

生への支援に関して、日本人学生が葛藤しながらもその「言語の壁」を乗り越えていった事例を考察している。高橋（2018）でも、「言語の壁」を乗り越えるための学生間のサポートについて考察している。日本語、英語どちらかの言語を使用した授業ではなく、両言語を使用した実践例もある。その「言語の壁」を学びのリソースとして捉え、堀江（2017）は、参加学生に「共通言語の使い方をどのように捉えるべきか」「言語の壁を乗り越えるにはどのような工夫ができるか」といったメタレベルの課題を与えることが可能だと述べている。そして堀江（2017）は、複言語主義の考え方に基づき、日本語・英語の両言語使用を前提とした自身の授業運営について紹介し、単言語授業とは異なる気づきが生まれたことを指摘している。1つ目はレベルや言語が異なっても互いに外国語学習者同士であることから同じプロセスを歩んでいるという共感性とそこから生まれる協力姿勢である。主言語を定めない環境においては、母語話者と学習者の間に生まれる優劣意識が生まれにくいと指摘する。2つ目は、複言語環境においてモデルとなる学生は、日英両言語をある程度話せ、かつその場のコミュニケーションに対して細やかな気配りができる学生となり、英語のみを教授言語とする環境で英語母語話者が抜きん出てしまう状況とは異なる点である。そして言語と文化の壁を乗り越えるための工夫、またはその行為を率先して行うことが単言語環境よりも促進されるという。3つ目は、多言語環境において母語を工夫して分かりやすく話すことの重要性に対する気づきが生まれることである。坂本（2013）でも日本語と英語を使用した実践を例に挙げながら、母語と外国語の両方の視点からコミュニケーションでき、相互に言語学習をサポートし合うという相互の学びができる点が利点であると指摘している。

　このような「言語の壁」を乗り越える工夫やサポート、そしてそれ自体を学習リソースとして捉え、学びの機会とすることは、言語面でハンディがある者に寄り添い、支援をすることができる能力の育成や共通言語の使い方、言語の壁をいかに乗り越えるのかを自力で考える力の育成につながり、異なる言語や文化を背景にもつ人々が共に生きる共生社会の実現を見据えた教育として大変意義がある。しかし、その一方で、ちょっと立ち止まって考えたいのだが、そ

もそも「言語の壁」を作らずに互いの能力を生かし合い、協働できる方法はないのだろうか。なぜこのような「言語の壁」が出来上がってしまったのかを考えたときに、「言語」という社会的に固定化されてしまっている概念が大きな影響を与えていることは否めない。言語という枠があるがゆえ、できる／できないという優劣が生じ、社会的・政治的な意味づけや価値づけが起こる。そこで本研究では、この「言語」という概念の捉え直しを図り、国際共修を実践することを提案したい。

3 トランス・ランゲージング

「言語」という概念の捉え直しをするにあたって、本研究ではトランス・ランゲージングという考え方を用いる。トランス・ランゲージングについて説明をするにあたって、いくつかの例を見るところから始めたい。最初は東京のとあるエスニックのスパイスショップのシーンである。

先日私が東京にあるバングラディッシュ人の経営するスパイスショップで買い物をして、お金を払うためにレジカウンターに並んでいたときのことです。その間ほんの15分ほどでしたが、実に様々な言語が聞こえてきました。その後、店の社長に聞いたところ、その店ではベンガル語、ヒンズー語、ネパール語、中国語、韓国語、アラビア語、日本語、英語などをはじめさまざまな言葉が日常的に飛び交っているとのことでした。確かに、私の前に並んでいた女性は、おぼつかない英語と日本語をミックスして携帯電話の値段を店長と交渉していましたし、その横にいた日本に来て26年というガーナ出身のアフリカ系のお客さんは（その店ではハラールの食材［イスラム法に沿って加工された食材］や羊の肉を売っているので、アフリカ人のお客さんも多いとのこと）、その女性に「タガログ語を話す私のフィリピン人の知り合いと同じ英語の話し方だけど、フィリピンから来たの？」と英語で尋ねた後、交渉の手助けをしていました。店の後ろでは、社長が

中国系のお客さんのために冷凍のレモングラスがある場所を日本語で教えていたり、また、同時に他のお客さんのために（カウンターで携帯電話の説明をしていた）店長に瓶詰めのチリペーストの置いてある棚をベンガル語で聞いたりしている風景が目に入りました。その店はバングラディッシュ人の経営ではありますが、そのほんの十数分の間に、日本人をはじめ、ありとあらゆる民族や言語がその場に混在していました。（尾辻 2016: 50-51）

　また駅の切符売り場の前で地図と運賃表を見比べて、自分が行きたいところまでどうやって行けばいいのか、いくらの切符を買えばいいのか困っている外国人を助けてあげようとするも、日本語が十分に通じず、ジェスチャーと英単語を並べてどうにかコミュニケーションをとろうとしている場面に遭遇したことはないだろうか。海外旅行に行った時に現地の言葉が分からず、ジェスチャーを使ったり、日本語のカタカナ語をそれっぽく発音してみたり、スマートフォンや辞書で単語を調べてコミュニケーションをとったりした経験はないだろうか。尾辻（2016）が挙げている例も、切符売り場の外国人の例も、海外旅行の例も、その場に居合わせた人たちが特定の言語という枠を超えて、自らが持ち合わせている言語資源やレパートリーを持ち寄りながら、協働でコミュニケーションを図り、タスクを達成している。このように人、モノ、情報などがますます盛んに行き交うグローバル化した世界では、多種多様な言語、文化背景を様々なレベルで持つ者同士が互いに歩み寄り、協働的にコミュニケーションをとっているという現実がある。これらの現実を踏まえたのが、トランス・ランゲージングの考え方である（尾辻 2016）。
　トランス・ランゲージングとは、「バイリンガルの人たちの言語行動を、従来のように独立した2つの言語システムによるものと捉えるのではなく、社会的には2つの言語に分別的に属するとみなされている言語要素を総括して1つの言語レパートリーであるとみなす、言語、バイリンガリズム、および、バイリンガル教育に対するアプローチ」（Garcia and Wei 2014: 2, 尾辻（2016: 58）訳）である。尾辻（2016）によると、ここでいうバイリンガリズムは個別の2

言語という伝統的な意味合いではなく、伝統的なバイリンガリズムに新しい意味を持たせるという意味で使われ、言語教育とは学習者がそのレパートリーをうまく使いこなせるようになるサポートをするものであると考えられている。

　このトランス・ランゲージングの考え方でことばを捉え直し、国際共修の実践を改めて考えると、英語や日本語といった特定の言語を教授言語として指定するのではなく、教師や学習者が持つ言語資源や言語レパートリーを生かしながらコミュニケーションをとり、そして特定の言語という枠で切り取って、その能力の不足している部分に目を向けるのではなく、第一言語をはじめとした学習者が持っている言語資源や言語レパートリーを生かし、それをさらに豊かにすることを目指す国際共修ということになる。なお本稿では、尾辻（2016）に基づき、従来の枠組みである「言語」と、様々な境界を超えた言語資源を包括するレパートリーとしての「ことば」とを区別して表現し、人、場、社会、街、環境が繋がる生態的な関係の中で他者と様々なレパートリーを駆使して相互活動をする中でことばが生まれていくと捉えていくこととする。

4 ｜ 実践例：「Humans of Minamisanriku」

（1）本稿の目的

　本稿の目的は、「Humans of Minamisanriku」という国際共修プロジェクトの実践を提示し、その中でトランス・ランゲージングがどのように起きたかを検討することである。今回のHumans of Minamisanrikuは、学生の協働学習による学びをねらいとしデザインしたプロジェクトであるが、プロジェクトを設計した当初からトランス・ランゲージングが起こることをねらいとしていたわけではなく、協働学習中のあるグループで偶発的に起きたということを明らかにしておきたいと思う。「言語の壁」を築くのではなく、そのトランス・ランゲージングを通して、その場に居合わせた学生たちが自分が持っている言語

資源、言語レパートリーを生かしながらプロジェクトに貢献し、どのように協働で課題を遂行するのかについて以下の2つの問いに着目しながら考察する。

学生たちが課題を遂行する上で
- どのようにトランス・ランゲージングをしているのか
- そこでどのような学びが起きたのか

（2）実践の概要

　このプロジェクトは、Humans of New Yorkなど現在様々な都市で暮らす人を写真とインタビューで紹介するというフォトブログからアイデアを得て、人間の精神的強さと心理的回復力、さらには海と山に囲まれた美しい南三陸の町とひたすら前向きに進んでいる人々の魅力を浮き彫りにすることを目的に、東北大学とベイラー大学（米国）の学生が協働で大震災の被災者にインタビューをし、日英両言語で動画を作成したものである。併せて、被災地や被災者の方々に対する理解を深めること、異文化間での協働、東北大学の学生は英語、ベイラー大学の学生は日本語の使用と表現への理解を深めることを学習目標とした。

　Humans of Minamisanrikuというプロジェクトは2017年の夏から始まったが、ベイラー大学の学生と引率教員は、平成23年（2011年）東北地方太平洋沖地震（以下、通称名「東日本大震災」と表記する）の翌年である2012年に、ベイラー・イン・ジャパンという夏季日本語研修旅行の一環として、初めて被災地を訪れた。震災から1年ほど経過したばかりの当時の南三陸町では、指導教員も学生も迷惑をかけたくないという気持ちが先行していた。しかし、そのような危惧をよそに地元の方々は想像も絶するような厳しい体験をされたにもかかわらず、ベイラー大学の一行を笑顔で迎えてくださった。その時の体験は指導教員に、一度限りの訪問による自己満足で終わらせずに継続して支援を行い、地元の方々との絆を深めることの重要性を気づかせた。その結果毎年

118

表4.1 プロジェクトの実施スケジュール

実施日	内容
2018年6月16日	＜東北大生＞現地コーディネーターの案内で、南三陸の下見
2018年7月10日	学内で研修（グループ分け、ZOOMで顔合わせ、インタビュー協力者について情報共有）
2018年7月10日〜2018年7月25日	Facebookのメッセンジャーを利用し、質問を考える
2018年7月25日	東北大学で対面で顔合わせ
2018年7月26日〜2018年7月27日	＜ベイラー大生＞現地コーディネーターの案内で、南三陸でスタディーツアー＆ボランティア
2018年7月28日〜2018年7月29日	南三陸でインタビュー、書き起こし・翻訳作業 1日目 　午前：保育所所長インタビュー、研修施設所長インタビュー 　午後：ホテル女将インタビュー、ホテル従業員インタビュー 　夜：書き起こし、動画編集作業 2日目 　午前：書き起こし、動画編集作業

　同じ地域を訪れ、震災後の経年変化を見届けつつ、交流活動やボランティア活動の取り組みに至っている。被災地での活動を数年間続ける中でベイラー大学の学生と指導教員は、被災者の精神力や忍耐力の強さに感銘を受ける一方、被災地の方々は震災の風化を最も懸念されていると知らされ、自分たちができる新たな活動は何かと考えた結果、東北大学課外・ボランティア活動支援センター、グローバルラーニングセンター[2] と協働で、Humans of Minamisanriku プロジェクトが企画されることになった。

　2018年のプロジェクトでは、ベイラー大学の学生でベイラー・イン・ジャパンに参加している学生7名（米国籍6名、中国籍1名）、ベイラー大学留学経験のある法政大学の学生2名、東北大学の学生7名が、4グループに分かれて表4.1のスケジュールで活動した。

　本稿で取り上げるインタビューは、2018年7月28日にグループごとに行われ、最初にベイラー大学の学生が事前に決めた質問をインタビュー協力者に日本語で聞き、より深いお話をしていただくために東北大生がフォローアップの質問をした。各インタビューに費やした時間は30分程度で、インタビューを終えたグループから順次東北大生が録画の音声を日本語に書き起こし、書き起こした日本語を協働で英訳する作業を行った。最終的には、5〜6分の録画に

短く編集するためにインタビューのクリップ部分をグループで相談しながら決めていった。

　インタビュー協力者に関しては、現地の事情をよく知る現地のコーディネーターが4名の選出・交渉を行った。2018年度は、南三陸の宿泊研修施設の施設長、保育所所長、ホテルの女将と従業員の方々にインタビューの協力をしていただいた。

（3）研究の方法

　本稿では、2018年7月に実施したHumans of Minamisanrikuで収集したデータをもとに議論を進めていく。具体的には、日本語で書き起こしされたものから英語に翻訳する作業をベイラー大学と東北大学の学生が協働で行っている際の音声データと、プロジェクト実施後のベイラー大学の学生の振り返り会のトランスクリプト、2名の東北大学の学生への半構造化インタビューのデータをもとに考察する。なお、本稿に登場する人物の名前は全て仮名である。

　翻訳作業の音声データは、ベイラー大学の学生のレベッカと東北大学の学生の沙織による作業中の会話である。レベッカは、ベイラー大学の2年生である。母語は英語で、日本語学習歴は1年の学生であるが、同じような日本語学習歴を持つ学生たちの中では、比較的日本語能力が高く、初級後半から中級前半ほどのレベルである。大学では学生サークルで常にリーダー的なポジションを務め、積極性がありチャレンジ精神も旺盛である。今回の留学生の中でも日本語で話す意欲が最も高く、被災地での交流活動中に率先して地元の方々に日本語で話しかけていた。沙織は、学部2年生の学生で、1年の時から国際交流活動に興味があり、留学生の友人も多い学生であった。英語も他の日本人学生に比べると堪能で、留学生と英語で問題なく意思疎通やディスカッションができるレベルである。1年次から東日本大震災の被害を受けた地域でボランティア活動を継続的に行っている学生で、被災者と接したり、コミュニケーションをとったりすることには比較的慣れている学生である。沙織が所属している東日本大震災のボランティア・サークルでは、福島でのボランティア活動を中心

に行っているが、それだけではなく、ボランティア・サークルの国際部にも所属し、留学生との被災地ツアーに参加したり、自ら企画したりした経験もある。

　プロジェクト後のベイラー大学生の振り返り会には女子5名、男子1名、合計6名が参加した。本稿ではレベッカに加えセリーヌのトランスクリプトの一部を引用する。セリーヌはベイラー大学の3年生で、日本語を2年間履修した後でベイラー・イン・ジャパンに参加した。あまり自己主張をしないタイプであるが、日本語関係の学生サークルの会長を務め、観察力は高く他人の話をよく聞ける学生である。大学周辺の小中学校で日本文化を紹介するコミュニティアウトリーチ活動を数回行った経験がある。

　そして東北大学の学生のインタビューは、前述の東北大学の沙織と、沙織とボランティア・サークルでも一緒に活動をしている保奈美とのグループインタビューである。保奈美もボランティア・サークルで国際部に所属し、沙織同様、留学生と一緒に被災地ツアーを計画したり、自身も参加したりした経験がある。

　なお、本研究では、十分な量の作業中の会話データが録音できておらず、またインタビューも参加者の中の一部に限られていることから、限られたデータに基づいた考察であることをあらかじめ断っておく。

5 ｜ トランス・ランゲージングにおける学び

（1）沙織とレベッカによるトランス・ランゲージング

　本稿で取り上げる部分は、レベッカと沙織のグループが担当した鈴木氏への日本語でのインタビューを英語に翻訳する作業中の2人の会話である。鈴木氏は、保育所の所長で、震災当時は園児達を津波の被害から守った[3]。翻訳作業を進めているのは、鈴木氏が南三陸町の未来について語っている部分で、「やっぱりもとの形にはもう戻れないので、できるだけ、海の街、それから山の街、おいしいものがたくさんあるよーっていうことと、あとは昔ながらの人情

が戻って来る街になってくれたらなって」という語りである。生の語りである
ゆえ、述語がなかったり、文が完結せずに次の話題が入ってきたりしている。
この部分を翻訳するにあたり、二人は英語、日本語、持っている背景知識など
を資源としてトランス・ランゲージングを行い、意味の理解を深め、その理解
になるべく忠実に英訳することを試みている。トランス・ランゲージングを行
う中で、①語彙の読み・意味の確認、②背景知識の共有、③内容の確認、④英
語表現の推敲といった相互活動を行っていた。この作業の中でレベッカと沙織
は、語彙のレベルから意味を確認し、適切な語彙を考え、背景知識も共有しな
がら、文全体の内容を確認し、最後により自然な英語に訳せるように確認して
いる。具体的にどのような会話が繰り広げられていたのかをここで見ていきた
い。引用する会話での沙織の発言はS、レベッカはRで示すこととする。

①語彙の読み・意味の確認

　作業会話1と作業会話2に例を挙げる。両方の例において、レベッカが沙織
に語彙の読み方や意味の説明を要求し、沙織が説明をしている。その説明要求
の仕方は直接的だったり、間接的だったりしている。R28の「説明して」のよ
うに意味説明の要求を明示的に行ったり、R30の「これ？」のように分からな
い語彙を指差し、説明を直接的に求めている。一方、R27ではレベッカが知っ
ている「人」の漢字の読み方を提示し、漢字を読もうとするのだが読めない様
子を見て、沙織が修正をして漢字の読みを提示している。この2つのやりとり
においては、沙織が持っている日本語に関する言語資源を提供することで、レ
ベッカは新たな語彙を知ることができた。特に「人情」に関しては、ここでは

作業会話1：「人情」の語彙説明	
R27	昔、昔ながらのひと…
S27	これは「にんじょう」って読むの
R28	にんじょう、にんじょうって、説明して
S28	うーん、人々の優しさ？
R29	う、うん、わかった、人情

作業会話2：「戻る」の語彙説明	
R30	これ？
S30	戻る
R31	Return？
S31	うん
R32	もどる、もどって、もどってくる…まちに もどってくれたらって、、ええっと、

人々の優しさという非常に簡潔な説明に留めているが、この後の会話でさらに深く意味を共有する。

②背景知識の共有

　沙織はS50で都会と田舎の人付き合いの違いについて説明している。これは、背景知識となる情報で、鈴木氏の回答には文字としては出てこないが、その文脈に埋め込まれていることであり、それを沙織がレベッカに共有している。S51、S54でより具体的に「人情」がこの文脈の中で意味することを説明している。またS52で沙織は、R51のレベッカの「誰にも忘れたくない」を「みんなに知ってほしい」と鈴木氏の心情を推し量って言い直している。

　沙織は、震災後の被災地でのボランティア活動に大学1年次から従事しており、ボランティアを始めた時点ですでに震災から6年が経過し、ボランティアの活動も仮設住宅や災害公営住宅でのコミュニティ作りのためのお茶会や足湯などの活動が多かった。そのため、被災地においてコミュニティがどのような存在なのかを彼女なりに理解しているものと思われる。沙織が示した情報は、直接的な語彙の意味ではないが、「人情」という語彙を理解する上で大切なものであり、沙織が持っている言語資源でもあると言える。また沙織の推測も、彼女がこれまでに被災者の方々と接してきた経験に基づき、鈴木氏の思いを推測していると考えられる。それを受けてレベッカは英語に訳し、自分の理解を確認している。

作業会話３：「昔ながらの人情」の説明

S49	なんか昔ながらの人情っていうのが
R49	うん
S50	これは私の想像だけど、今は一例えば一、なんか都会？　に住んでたら、なんか自分のことは自分でやるみたいな？　でも昔ながらっていうのは、みんなが助け合って
R50	うんうんうん
S51	だから昔ながらの人情は、きっとなんか優しくて、親切な人って意味かなって思う
R51	だから、んー、こんな優しい人と、こんな優しいな街を誰にも忘れたくないのことですか？
S52	うん、みんなに知って欲しいんじゃ

R52	ああ。So they want people to know that this place is still good? こんなこと？ This place…えー
S53	うん、this place is good
R53	this place is good うん、good for うーんthat has to be good long time ago? It has been うーん、昔ながらって…
S54	ああ、でも昔ながらってあの、この、これ？ がたぶん、簡単な日本語にしたら、優しい人々、なんていうか、今の人情はたぶん、人情っていうか人との関わり？ はー、なんかー、もっと自分のことは自分でやって、なんか他の人はあんまり気にしない
R54	うーん
S55	でも昔は助け合ってたからー
R55	助け合ってたからー
S56	でもここでの人々の付き合いは昔みたい
R56	ああ、okayもっと分かりました I know that people…

③内容の確認 & ④英語表現の推敲

　①と②で個々の語彙を理解し、その語彙の社会文化的背景も理解したところで、作業会話4では、文全体の翻訳に取り掛かっているが、レベッカは何が「戻る」のかが読み取れていない（R57）。沙織は、英語での翻訳を試みるが、言いたいことをうまく英語にできない（S60、S61）。そこでレベッカがR61で自分がどこまで理解をしているのかを沙織に示す。それを受け、沙織は英訳を試みて、どこで英訳に困っているのかを示している（S62）。R62でレベッカがS62で沙織が言いたかったであろうことを推測して言い、意味のすり合わせを行っている。R63で自分の解釈を示したところ、S64で沙織が「wants」と「again」を使い、修正している。レベッカもR64で一度分かったという意思表示をし、S66の沙織の発言に続ける形でR66の発言をして訳文をいったん完成させている。

　S68の沙織の「たくさんあるよってことだから」が何を指すか分からないが、S68、R68、R69で鈴木氏の発言について互いの理解の統一を図りながら、鈴木氏が言いたいことになるべく近い英語にする作業を2名で協力しながら行っている。ここでは、互いの理解を示しながら作業をすることで、互いに持っている言語資源を共有し合いながら鈴木氏が言いたいことを確認し、そしてレベッカの母語が英語ということを生かして、鈴木氏の言いたいことにより近くか

124

つ自然な英訳を試みている。

作業会話4：何が戻ってくるのか

S57	でもなんかこれが難しいのが、戻ってくる街になってくれたらだからー、なんかー
R57	うーん　so people want to know that　ここに戻れるのこと？
S58	うん、違う、この昔ながらの人情が、なんていう…たぶんこれでいいんだけど…正確に言うと
R58	分かったグループもしていないけど like 昔の感じ、昔の経験も…同じから人がここに戻ったらいいと思います
S59	ここに戻れば、なんていうか、
R59	昔の感じ、本当に同じことです　周りは何も変わっていないなこと…
S60	なんていうかなあ、ううんと、えっと、昔ながらの人情があるだったら、people here are really nice and friendly 昔ながらの人情がもどってくるだったら（………）
R60	still positive
S61	うーん、ちょっと待ってね、今頑張って説明する！　えっと、so
R61	昔のはだいたい分かる、昔の、昔の感じの、んと、the way people talk friendly and nicely to each other
S62	so the disaster the relationshipあーwith the people here was like あーなんていう？
R62	was..friendly and want to help each other
S63	そうそうそう
R63	and now it's it's like that でもまだこの感じです
S64	she wants it to be like that again
R64	ああ、あああ、じゃあ、I want people to know んー
S65	たぶん
R65	maybe I want to know so ..I want it to be like was past? so I wanna...
S66	そうなんか、ここがちゃんと一つの文が終わってなくてーたぶん、we are a town with ocean and mountains. We have a lot of delicious food
R66	People here are nice and friendly but I want it to be…I wanna people to be connected? Like before?
S67	うーん…うんーなんかそんな感じ！
R67	人が、人がつなぐの感じを…
S68	でも、でもね、たくさんあるよってことだから It's like I want to people to know that we are a town with ocean and mountains and we have a lot of delicious food and also people here are really nice and friendly and I hope it's.. it will be…
R68	will even get better…in the future　あのこと？
S69	うーん、、、たぶんこの only for the relationship with people , she want it to be as it was
R69	was
S70	before the disaster
R70	うん okay
S71	たぶん
R71	okay so..あー

このようにレベッカと沙織は、最初は語彙の読み方や意味の確認から始まり、その語彙の社会文化的背景を理解し、鈴木氏が伝えたかったことを一緒に読み込み、鈴木氏が言いたかったことになるべく忠実になるよう言葉を選びながら英語に訳している。①と②では、沙織が持っている日本語の言語知識、その背景知識、そして彼女の経験も含めた行間の読みを言語資源として共有する一方で、③と④ではレベッカが自分の持っている英語の言語知識を生かし、タスクの遂行に貢献している。両者の英語・日本語の言語運用能力の違いで壁を作るのではなく、両者が持っている言語知識を互いに出し合い、協働でタスクを遂行させていっているのが分かる。

（2）沙織とレベッカのトランス・ランゲージングの中で起こった学び

　この沙織とレベッカのトランス・ランゲージングでは、Canagarajah（2013）が述べているように、二人の言語資源を使ったやりとりの中で、使用と学習が同時に起きていたと考えられる。以下、レベッカの振り返り会での発言を引用する（訳責筆者、カッコ内は筆者の加筆、下線は筆者加筆、以下同様）。

When it came to Japanese, I had to make my idea simpler because I just did know a lot more words in English expression than in Japanese. So my partner spoke a lot of English so it was easy to speak to her to explain my idea but I would usually pop back and force like oh this word and then I would kind of explain it in Japanese and go back to the words that just we were kind of teaching each other a lot of time and I thought that was always interesting.

日本語を使う時、まずは自分のアイデアを簡単に考えなければなりませんでした。というのも、私は日本語の語彙より英語の語彙の方がたくさん知っているからです。私のパートナー（沙織）は英語が上手だったので、私の考えを説明するのは簡単でした。でも、だいたいは、一つの表現について話し合いました。それから日本語で説明して、またちょっと英語を使ったりして、お互いに教え合って

<u>いるようで、それは本当におもしろかったです。＜レベッカ＞</u>

　レベッカは、日本語を使用する際には、母語である英語を使う時とは違い、表現できることに限界があったと述べている。そこで英語を使い、補って沙織とコミュニケーションをとる中で、つまりトランス・ランゲージングをする中で教え合い、学び合いが起きていたと述べている。

　そしてレベッカにとってこのやりとりは、日本語の言葉が持つ意味の広がりを知る機会になったようである。振り返り会のレベッカの発言から引用する。

I really got a lot of fun translating it because <u>we would come across the words that I've never heard of before and we were like kind of talk about what they meant in Japanese because fun part of Japanese is that the word will have meaning and each word has another meaning to it</u>.
日本語を訳すのは本当に楽しかったです。<u>なぜならこれまで聞いたことがなかった言葉に出会うことができたし、日本語でそれがどういう意味なのかを話し合うことができたからです。日本語でとても面白いと思うのは、言葉が意味を持っているんだけれど、その同じ言葉がまた別の意味も持っているということです。</u>
＜レベッカ＞

　レベッカは当初「人情」という言葉を知らなかった。翻訳のプロセスの中で沙織に意味を聞き（R28）、最初は辞書的な意味を教えてもらう。インタビューの読み込みが進む中で、その「人情」という言葉の背景にあるものも合わせて説明してもらっている（S50、S51）。全くの別の意味ではないが、このやり取りでレベッカが知る日本語の語彙の意味に深みができたはずだ。

　では具体的にどのように教え合い、学び合いが起きていたのか。沙織とレベッカのトランス・ランゲージングの中で起きた教え合い、学び合いは、スキャフォールディングによってもたらされていた。スキャフォールディングとは、

「子どもや初心者が、援助がなくてはできない問題を解決したり、タスクを実行したり、目標を達成したりすることを可能にする」援助で、「学習者の能力を超えたところにあるタスクの要素をコントロールし、学習者が自分の能力の範囲内にある要素に集中してタスクを遂行できるようにする」（Wood, Bruner and Ross 1976: 90, 永見（2005: 85）訳）ことであると述べられている。しかしそれはスキルや知識を持った有能な他者が一方向的に与えるものではなく、Stone（1993）が指摘するように、それは双方向に調整された相互行為であり、互いの状態や反応を見ながら行動するものである。そしてその双方向の調整は、その場で起きているやりとりだけではなく、参加者の力関係や学習されるスキルの持つ文化的意味なども大きく関係する（Stone 1993）。

　沙織とレベッカのトランス・ランゲージングを見ると、①の語彙の読み・意味の確認に関してはレベッカが直接尋ねることでスキャフォールディングを要求し、沙織が日本語で説明をしている。その一方で、②の文脈の中で、レベッカは自分の理解を英語で示すことで沙織に次のスキャフォールディングを間接的に要求している（R52）。沙織は、レベッカの英語を聞き、レベッカがどこまで理解しているのかを判断し、日本語や英語を使ってさらなる説明、つまりスキャフォールディングを適切に与えている。③内容確認、④英語表現の推敲に関しては、互いにスキャフォールディングを出し合っている。レベッカが「何が戻るのか」について自分の理解を示し、沙織にスキャフォールディングを要求する。沙織はその要求に応えるべく、英語で説明しようとし、彼女の英語能力でできる限りの説明をする。それに対し、英語母語話者であるレベッカはより自然な英語に置き換えるというスキャフォールディングを提供する。このように沙織とレベッカは、どちらか一方だけがスキャフォールディングを提供するというのではなく、互いに相手に直接的または間接的にスキャフォールディングを要求し、その要求に応じたスキャフォールディングを出すなど、双方向に調整し合いながらスキャフォールディングを提供したりされたりしている。

　そういったスキャフォールディングを要求したり、相手に適切なスキャフォールディングを与えたりするスキルは、尾辻（2016）が言うところの「こと

ば」の概念に強く結びつく。尾辻（2016）は、「ことば」は人、場、社会、街、環境が繋がる生態的な関係の中で他者と様々なレパートリーを駆使して相互活動をする中で生まれるものとしている。つまり、イマココの生きたやりとりの中で、互いに言語資源を出し合い、コミュニケーションをする時に生まれ、使われるものということだ。その中でスキャフォールディングの要求、適切な提供ができることは、こういった「ことば」を使い、同時にそれを生み出す力を育成することである。様々な背景をもつ人々がともに生きる共生社会では、一方的なサポートする人／される人という構図ではなく、互いにもっている知識や能力を生かし合い、そして伸ばし合える社会が理想的だろう。国際共修で生きた「ことば」を使い、育成できることは、グローバル化が進む社会の中でのコミュニケーションにおいて大きな意味を持つのではないだろうか。

（3）なぜトランス・ランゲージングが起きたのか

　今回の沙織とレベッカのやりとりは双方向的に行われ、それぞれが持っている言語資源を用いたトランス・ランゲージングとなっていた。そのやりとりと同時に学びが起こり、互いに相手にとって適切だと思われるスキャフォールディングを出し合っていた。なぜこのプロジェクトでは、このようなトランス・ランゲージングが生じたのだろうか。

　まずこのHumans of Minamisanrikuというプロジェクトのデザイン自体が、全ての学生を同質同列のものとして扱うのではなく、それぞれが持つ強みを認め、それに価値を見出せるような仕掛けになっていた。例えば、両大学の学生たち両方の言語運用能力を使わなければ、タスクを完成させられない仕掛けになっていたことが挙げられる。両大学の学生が自分の母語を使ってプロジェクトに貢献しなければ、インタビューに答えてくださった被災者の語りの内容を理解することもできないし、それを忠実に英語に訳して発信することもできない。このような仕掛けになっていたことで、このプロジェクトの中で特定の単言語が使用言語とはならず、言語という枠組みに囚われた一方的な「できる／できないという力関係」が生じなかったと考えられる。

また両大学の学生たちの言語レパートリーに共通する部分があることも重要であった。このプロジェクトでは、沙織とレベッカのようにうまくトランス・ランゲージングができ、読みが深まり、良い学びにつながったグループばかりではない。このプロジェクトの中では、トランス・ランゲージングがうまくいかなかった学生たちもいる。ここでは振り返り会のトランスクリプトからセリーヌの発言を引用する。なお、文中に出てくる佳子はこのプロジェクトをサポートしてくれていた法政大学の日本人学生で、ベイラー大学に留学していた経験を持ち、英語が堪能な学生である。

Well, with me and my two partners, when we were having discussions, I relied on Yoshiko a lot because their English wasn't good enough to understand what I wanted to say, because I had to use so much like words that I didn't know how to use in Japanese to convey like my turbulence, and I needed Yoshiko there like all the time to do the translating, and then it was same way the other way around for them. So we were talking through a translator a lot of it except for like easier Japanese that we were able to understand each other.

え〜と、私と二人のパートナー（日本人の大学生）と話し合いをしたとき、私とパートナーは佳子にたくさん頼っていました。私が伝えたいことは彼らの英語力では理解してもらえなかったし、私の戸惑いみたいなことを日本語で伝えられなかったし。佳子につねに通訳してもらわなければなりませんでした。相手の二人もそうでした。だから私たちは、簡単で分かりやすい日本語以外はほぼ通訳（佳子）を通して話していました。＜セリーヌ＞

　このグループの学生たちは、沙織とレベッカと違い、ベイラー大学の学生の日本語能力も、東北大学の学生の英語能力も口頭で自分が考えたことを伝えるに十分な能力を有していたとは言い難い状況だった。つまり、両大学の学生が持つ言語レパートリーで共通する部分がほとんどないがゆえ、その場に居合わ

せた人たちが持っている言語資源やレパートリーを持ち寄ったとしても、協働でコミュニケーションを図ろうにもやりようがなかったと考えられる。道案内や買い物など、可視化しやすいタスクであれば、ジェスチャーで示したり、地図を書いたり、金額を計算機で示したりと言語以外の資源も用いてトランス・ランゲージングし、コミュニケーションをとることができるが、今回のような被災者の気持ちを読み込み、理解を深め、異なる言語に訳すという可視化されず、かつ人の心情や細かなニュアンスへの気配りが必要となる作業はある程度の言語レパートリーの重なりがなければ難しい。その状況で、日本語の言語資源も英語の言語資源もレパートリーとして持つ佳子が間に入ることで、やっと言語レパートリーの共通項が生まれ、コミュニケーションが成立したと考えられる。結果、佳子に頼りっぱなしの状態になってしまった。

　加えてこのHumans of Minamisanrikuプロジェクトの場合、被災者の語り自体にもインパクトや魅力があったことがトランス・ランゲージングを引き起こした要因ではないかと考える。振り返り会でレベッカはこのプロジェクトでの経験を次のように語っている。メディアを通しては分からなかった生のストーリーを被災者自身から聞けたことは、レベッカにとって大きな意味を持ったようである。

I learned that how important it is to have those experiences like seek out the stories of people who've been through those tragedies because especially if all you are hearing is statistics on the news or like in the newspaper, it's different than meeting someone face to face and like getting to know someone and how that impact an individual and then also like I thought it was cool how after something so tragic happen that they can come together and made them like family and made them close to each other.

悲惨な出来事を経験した人たちの話を親身になって聞き出すことがどんなに大切か学びました。なぜなら、テレビや新聞などメディアで統計上の数字だけを聞く

のと、実際に会ってお話を伺ってインパクトを受けるのとは違うからです。それに、あのような大きな震災に遭ったにもかかわらず、皆さんが一体となって家族のようによりそい合い絆を深めたことはすごいと思いました。＜レベッカ＞

被害者の方の語りのインパクトや魅力によって、より深い理解、より気持ちや思いに忠実で丁寧な翻訳へのモチベーションが生まれ、より密なトランス・ランゲージングに繋がったと思われる。それは、自分一人ではできない作業も、トランス・ランゲージングをしながらグループのメンバーの言語資源を利用することで達成できるからである。グループインタビューに参加した沙織も保奈美も、インタビューに協力してくれた方々の言葉を直訳するよりも、グループで相談しながら、伝えたかったことは何だったのかを読み込み、英語にするように心がけていたようである。

そうですね、そこが言葉の意味とか、なんかインタビューでお話しする人って、教科書の日本語じゃないから、例えばちょっとなんか方言みたいなもの混ざっていたり、あとなんかなんだろ、考えながら何回も言い返したり、あ、言い変えてたり、あとはなんだろ、その人独特の言い回しみたいなのがあるから、なんか、それをその人がどういう気持ちで言ってたのかというのも、結構話し合っていたと思います。＜沙織＞

一番最初は話してくださったのをそのまま英語に訳す作業を私たちがやって、そして英語からその、必要な部分をカットしたり集めていくっていうのをベイラーの学生にやってもらっていたんですけど、訳した、英語に訳した部分だけ、その中から、こう文章を選んでいくとなんか、本当に大事な気持ちっていう部分が伝わらなくて、さっき沙織ちゃんも言ってくれたけれども、そのお話ししてくれる方って、事実を伝えたいんじゃなくて、その一個一個の事実からでてきた、その何だろう、溢れ出る気持ちみたいなところを表現したいなあと思ったので、内容を訳すっていうことじゃなくて、まずこの人は、この方はこの３分間ぐらいで一

番何を言いたかったのかっていう、こういうことしたよっていう事実を伝えて、1個ディスカッションして、もう一回じゃあ伝えられていないのを、その前一文一文を英語にするんじゃなくて、ざっと見て、こういう風に伝えたらいいよねってなる。＜保奈美＞

　ただ単に日本語から英語へ直訳するだけであれば、語彙の意味を拾い、文法構造を考えてそのまま翻訳するだけで良い。しかし、今回の沙織や保奈美が述べているように話し手が「伝えたい」こと、話し手の「本当に大事な気持ち」や「溢れ出る気持ち」を今回のインタビューを通して伝えたいと考えていたゆえ、レベッカと沙織が非常に細かな意味構築、意味の擦り合わせをし、内容を深く読み込んだ上で、字面だけではない話し手の思いを含んだ英語訳を試みるという作業をトランス・ランゲージングを通じて行っていたようだ。

6 ｜ 国際共修におけるトランス・ランゲージングの意義と今後の展望

　本稿では、トランス・ランゲージングが起こることで、「言語の壁」を築くのではなく、その場に居合わせた学生たちが自分が持っている言語資源や言語レパートリーを生かしながらプロジェクトに貢献し、協働で課題を遂行する一例を示した。沙織とレベッカのトランス・ランゲージングでは、互いの言語資源を共有し合いながら、被災者の語りへの理解を深め、その理解を反映させた英語訳を作り上げていった。同時に、互いにスキャフォールディングを出し合い、学び合いが起きていた。そういったトランス・ランゲージングが起こったのは、沙織とレベッカがある程度言語資源を共有していて、タスクがどちらか一方の言語運用能力だけで完成させられるものではなく、両者が貢献する必要があったこと、そして協力してくださった被災者の方の語りのインパクト・魅力の大きさにも大きなモチベーションを生み出す要素があったと考えられる。

　人、モノ、情報などがますます盛んに行き交うグローバル化した世界では、

多種多様な言語、文化背景を様々なレベルで持つ者同士が互いに歩み寄り協働的に言語生活を営むという状況はますます身近になっていくだろう。互いに言語資源を出し合い、コミュニケーションをし、「ことば」を生み出していく力を育成していくことは不可欠である。Canagarajah（2013）が述べているように、トランス・ランゲージングでは使用と学びが同時に起こる。国際共修でトランス・ランゲージングの考えを応用していくことは、そういった「ことば」を生み出す力の育成につながっていくのではないだろうか。合わせて、トランス・ランゲージングは、国際共修の目指す意味のある交流（meaningful interaction）を通して、多様な考え方の共有・理解・受容をサポートしていくのではないだろうか。参加する学生が持つ言語や文化背景などのどれか一部ということではなく、プロジェクトの中では、なるべく多くのものに価値が付与され、プロジェクトに貢献できるものとして位置づけられることで、プロジェクトに参加する学生同士が多様なリソースを提供し合い、その多様なリソースが参加する学生たちを多様で豊かな学びへと導くことができると思われる。それと同時に、プロジェクトの中で多様な言語、文化を尊重することで、学生たちの実生活でも同様に多様な言語、文化を認め合い、尊重し合う素地を養っていくことができるのではないかと考える。

　今回のプロジェクトは、英語と日本語由来の言語資源を活用するものが中心で、文化的な面では多様なものに接する機会があったわけではない。しかし、今回のプロジェクトを通して、トランス・ランゲージングが起きることでどのように学びが豊かになるのかを垣間見ることはできたように思う。ここを発端として、より多様な言語や文化が貢献し合う仕掛けづくりや、言語資源に限りがあってもトピックを可視的なものにして言語以外の資源も活用しながら取り組めるプロジェクトにするなど、広がる学びの可能性を考えていけたらと思っている。

謝辞

「Humanns of Minamisanriku」を実施する上で、ご協力を賜ったすべての皆様に心より御礼申し上げたい。特に現地コーディネーターを務めてくださっている佐藤誠悦様、インタビューにご協力くださった方々に深く感謝の意を表したい。なお、本章はJSPS科研費17K17606（研究代表者：島崎薫）の助成による研究成果である。

注記

(1) 本稿では、国籍、文化背景などの多様性から「日本人学生」ではなく、「国内学生」という表記を用いるが、引用文献で「日本人学生」と表記されている場合はそのまま「日本人学生」と表記する。

(2) 筆者の一人である島崎は、このプロジェクトを開始した当時、グローバルラーニングセンターで業務に従事していた。

(3) 鈴木氏のインタビューは、Humans of Minamisanrikuの中で公開している。鈴木氏のインタビューの詳細に関しては以下のWebサイトを参照されたい。<https://www.youtube.com/watch?v=kTzlEoGSa4w>（閲覧2019/3/20）
今回取り上げた部分は、2分23秒の付近の翻訳作業中の会話である。なお、インタビューは、本人から同意を得て本名で掲載されている。

参考文献

Canagrajah, S.（2013）*Translingual practice: Global Englishes and cosmopolitan relations*, New York: Routledge.

永見昌紀（2005）「協働学習を理解する」、西口光一編『文化と歴史の中の学習と学習者：日本語教育における社会文化的パースペクティブ』凡人社, pp.80-101.

Garcia, O. and Li Wei（2014）*Translanguaging: language, bilingualism and education*, London, UK: Palgrave macmillan.

堀江未来（2017）「多文化間共修とは：背景・理念・理論的枠組みの考察」、坂本利子・堀江未来・米澤由香子編著『多文化間共修：多様な文化背景をもつ大学生の学び合いを支援する』学文社, pp.3-11.

宮本美能（2015）「留学生と日本人学生の国際共修授業における一考察：言語の問題へのアプローチと学習効果」、『大阪大学大学院人間科学研究科紀要』41, pp.173-191.

尾辻恵美（2016）「世界とつながる言語レパートリー」、トムソン木下千尋編『人とつながり、世界とつながる日本語教育』くろしお出版, pp.44-66.

坂本利子（2013）「異文化交流授業から国内学生は何を学んでいるか：多文化共生力育

成をめざして」,『立命館言語文化研究』24-3, pp.143-157.

Stone, C. A.（1993）What is missing in the metaphor of scaffolding? Forman, E.A., Minick, N., & Stone, C. A. Eds. *Contexts for Learning: Sociocultural Dynamics in Children's Development*, New York: Oxford University Press.

末松和子（2019）「はじめに」, 末松和子・秋庭裕子・米澤由香子編『国際共修：文化的多様性を生かした授業実践へのアプローチ』東信堂, pp.ⅰ-ⅵ.

髙橋美能（2016）「国際共修授業における言語の障壁を低減するための方策」,『大阪大学大学院人間科学研究科紀要』42, pp.123-139.

髙橋美能（2018）「国際共修授業における多文化共生の実現：学生同士の言語サポートを促すことを通じて」, 国立大学留学生指導研究協議会『留学生交流・指導研究』21, pp.49-62.

Wood, D., Bruner, J. S., & Ross, G.（1976）The role of tutoring in problem solving. *Journal of Child Psychology and Psychiatry*, 17, pp.89-100.

山田悦子（2019）「多文化クラスにおける日本の学生の言語行動：使用言語の異なるクラスの比較から」, 北海道大学高等教育推進機構『高等教育ジャーナル：高等教育と生涯学習』26, pp.11-23.

第5章

コミュニティとの協働から学ぶ
サービス・ラーニング

菊池 遼／藤室 玲治

1 | サービス・ラーニングがコミュニティで果たすべき役割とは

　近年では大学生がフィールドに飛び出して学ぶことのできるサービス・ラーニングをカリキュラムに導入する大学が増えている。東北大学では2011年の東日本大震災をきっかけに誕生した東日本大震災学生ボランティア支援室が発展解消し、現在では課外・ボランティア活動支援センター（英語名称：Center for Service Learning and Extracurricular Activities：以下、CSLEA）が存在している。東日本大震災がきっかけとなって学生のボランティア活動に対する支援の動きが始まり、現在ではボランティアからサービス・ラーニングを含む活動を扱う組織体を成している。

　本章では、CSLEAが開講している東北大学1年次向け少人数クラス（基礎ゼミ）の「被災者の生活再建・コミュニティ形成の課題とボランティア活動」におけるサービス・ラーニング授業を事例として取り上げる。そこで、学生たちが被災地域の人々（コミュニティ）との出会いによってどのような学びを得ることできたのか、そしてどのような貢献ができたのかについて明らかにしていきたい。

　まずその前に、サービス・ラーニングが成立したアメリカでの議論を紹介し、被災地域において行う授業実践の意義についても改めて確認していく。

(1) サービス・ラーニングの成立過程と現状

　1990年代からアメリカで体系化が進んだとされるサービス・ラーニングは、日本国内でも近年は研究の蓄積が進む動向があり、その方法論や成果などが多数報告されている現状にある。ここではサービス・ラーニングの成立過程について唐木（2010）などを参考に振り返りながら、その本質的な意味を改めて問い直してみたい。

　サービス・ラーニングを巡る議論として、デューイが提唱した経験学習の文脈に触れられることが多い。しかしながら、1960年代から1980年代にかけて

デューイの進歩主義教育思想に批判が高まり、経験学習は一時下火となっていた（藤村 2007）。1990年代ごろからサービス・ラーニングの見直しによってデューイが再評価されるのだが、サービス・ラーニングの意味が最初に定義されたのは、1967年の「南部地域教育委員会（Southern Regional Education Board)」（以下、SREB）とされる。つまり、経験学習とは異なる文脈でサービス・ラーニングの概念は生まれたことになる。

　このSREBが提唱したサービス・ラーニングに大きく関与したとされるシグモン（Sigmon 1979）は、以下の3つの原則を示している。

原則1：サービスを受ける側は、提供されるサービスをコントロールする。
原則2：サービスを受ける側は、自らの行動次第で、より良いサービスを提供できたり、提供されたりすることができる。
原則3：サービスを提供する側もまた学習者であり、学習で得るものに対して、十分にコントロールする力を持つ。

　SREBに示された文言でも、サービス・ラーニングは単なる経験学習ではなく、価値判断を含む経験こそが本来目指すべきサービスの行為であるとしている（藤村 2010）。サービス・ラーニングが学習者と地域住民をエンパワメントすることが強調されているのである。この背景には、1960年代のアメリカにおける公民権運動やベトナム反戦運動といった潮流があり、高等教育において地域課題解決の実践を果たそうとしたのであった。つまり、サービス・ラーニングにおいては地域貢献や地域課題解決が果たすべき一義的な役割であることが分かる。

　1970年代から1980年代に始まる公民教育改革論議は、サービス・ラーニングの基盤を形成することになった。このときの時代背景には、政治腐敗による政治不信、人種・民族を巡る公民権運動の広がり、インフレに伴う失業者の増大、深刻な環境問題があり、若者の間に社会に対する無気力感が蔓延した。そこで公民教育を改革し、市民性（シティズンシップ）の育成を目指すことにな

ったのである。

　ここで重要になってくるのが、ボイヤーが中心となって発行されたカーネギー財団の2冊の書籍である（唐木 2010）。これらの書籍において、市民性の涵養のためにはサービス・ラーニングが重要であることが謳われ、高等教育においてコミュニティ・サービスに学習者を関わらせることで、社会に対しての責任を学ぶことの必要性が指摘されたのである。

　このボイヤーの思想は、1990年に制定された「国家及びコミュニティ・サービス法（National and Community Service Act：以下、NCSA）」に大きな影響を与え、アメリカでサービス・ラーニングの定着を見るようになった。

　NCSAにおいてサービス・ラーニングは以下のように表現されている。

i. 学校とコミュニティとの協働による体系的なコーディネートのもとで、実際のコミュニティやニーズと出会うことのできるサービス活動に積極的に参加し、学生が学びながら成長できるものである。

ii. 学生が実践のサービス体験で得た情報を考えたり、話したり、記録したりする時間が計画的に組み込まれ、授業カリキュラムにも統合されている。

iii. 学生はコミュニティにおける実生活の場面において、習得した知識やスキルを活用する機会を得ることができる。

iv. 学習活動を、教室を超えてコミュニティに広げることにより、他人への思いやりの感覚を養うものである。

　以上の文言のうち、ボイヤーが特に目指したのはiv.であるが、それ以降のサービス・ラーニングに関する議論は、カリキュラム・マネジメントにおける学習者に対するリフレクションなど、授業設計の技法に着目されるようになっていく。さらに1990年代にデューイに対する再評価が始まり、サービス・ラーニングの源流として捉えられるようになり（藤村 2007）、経験的な学習の色が強くなっていくのである。

　日本国内においては中央教育審議会などでサービス・ラーニングに関する議

論がされてきた。中央教育審議会（2012）では、答申の中の用語集において、「サービス・ラーニングの導入は、①専門教育を通して獲得した専門的な知識・技能の現実社会で実際に活用できる知識・技能への変化、②将来の職業について考える機会の付与、③自らの社会的役割を意識することによる、市民として必要な資質・能力の向上、などの効果が期待できる」としている。これに対し、山田（2016）は、体験的に学習する方法や社会に対する責任感を養うことへの言及が十分でないと批判している。最近のサービス・ラーニングに関する議論は教育効果の面が強く押し出されており、コミュニティへのサービスや市民性の涵養についての言及が少ないのが問題である。

　フルコ（Furco, 1996）が整理したサービス・ラーニングの定義について図5.1を紹介する。サービス・ラーニングは誰にとって有益であるのか、その焦点はどこにあるのかを示している。サービス・ラーニングはコミュニティと学習者、サービスと学びの中間に位置するものであり、サービスの提供者と受け手のどちらにとっても有益で、サービスと学びの両方に焦点を当てたプログラムとなっている。

　表5.1は、シグモン（Sigmon, 1994）によって示されたサービス・ラーニングの型である。これもサービス学習のバランスに注目している。

　サービス・ラーニングでは、サービスの効果と学習目標という両義的な目的を実現するため、それぞれの深化が求められる。アメリカで始まったサービ

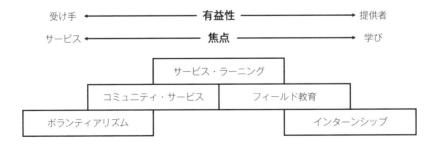

図5.1　フルコ（Furco, 1996）によるサービス・ラーニングの整理

表5.1 シグモン（Sigmon, 1994）によるサービス・ラーニングの型

service-LEARNING:	サービスの効果よりも学習目標の比重が大きい
SERVICE-learning:	学習目標よりもサービスの効果の比重が大きい
service leaning:	サービスの効果と学習目標を完全に区別して捉える
SERVICE-LEARNING:	サービスと学習の目標の比重を等しくし、すべての参加者に相乗効果をもたらす

ス・ラーニングは高等教育において社会課題解決を目指すものであり、さらにその先にはサービス・ラーニングを通して学習者の市民性の涵養を目指す流れがあった。

しかしながら、日本における昨今のサービス・ラーニングは、キャリア教育的な意味合いが強くなっており、地域へのサービスという観点が不足しているのではないだろうか。サービス・ラーニングの本来の意味に立ち返り、被災地域でサービス・ラーニングを実践する意味について以下で考察していきたい。

（2）東北の被災地で実施するサービス・ラーニングの意義

アメリカにおいて様々な社会背景を踏まえつつサービス・ラーニングが発展してきた経緯を見てきた。それでは日本の、特に東日本大震災の被災地で実施するサービス・ラーニングでは、どのような社会的文脈を踏まえられるだろうか。

まず、日本の社会状況を概観的に押さえておきたい。平成が始まるとほぼ同時にバブル経済が崩壊し、日本は低成長時代に突入した。地方においては少子高齢化や過疎化・人口減少などの問題が叫ばれるようになった。東北地方も（仙台市周辺を除けば）こうした問題がいち早く顕在化した地域である。そこに東日本大震災が発生したのである。

東日本大震災の被災地は、人口減少社会（これは地方だけの問題ではなく、やがては東京を含めた都市部の人口も減るのだが、まず地方から先に顕在化する）における復興という困難に直面した。これまでの日本人の自然災害からの「復興観」は、高度経済成長の入口となった「戦後復興」に強く引きずられ、人口増大を前提としたインフラ整備・経済振興を想定してしまうが、東日本大

震災の被災地ではそのような復興施策は通用しない。大震災の影響によって被災地の人口減少はますます加速している。東京や仙台などの都市圏にいては気付くことのできない、人口減少社会での課題の深刻さを被災地では学ぶことができる。そして、これは特殊な学びではなく、やがては都市部を含めた日本全体の課題になることであり、またあらゆる専門分野に関係する学びだと言える。

　さらに、近年では水害等の自然災害が頻発している。また地震災害についても、東日本大震災後に2016年の熊本地震や2018年の北海道胆振東部地震が発生している。今後も南海トラフ地震や首都直下地震などへの警戒が必要とされる。こうした今後も発生が懸念される自然災害の際の復興の難しさについて、東日本大震災の被災地から学ぶことができるのである。

　また、被災地で大きな課題となっているのは「コミュニティの再生」である。津波被災地においても、原発事故被災地においても、被害の大きかった地域では前住地での住宅再建は制限されている。そのため、被災者は従前の居住地からの移動を強いられるのである。震災前の居住地から避難所、そして仮設住宅、その後に復興住宅あるいは自力再建等と移り行くごとに、コミュニティの喪失と新たな環境への適応の努力が繰り返され、特に高齢の被災者はリロケーション・ダメージを大きく被り、孤立死・孤独死に繋がることもある。また仙台市では復興住宅に入居した高齢者が「仮設のころは楽しかった」という言葉を残して自殺したというケースもあるという（北川 2019）。子どもの場合であれば、新たな環境に適応できず不登校となってしまうケースも多い。さらに、まったく新たに内陸に移転地が作られる場合もあり、その場合、住民はコミュニティを一から形成していく必要がある。

　本章で事例として取り上げるサービス・ラーニング授業は、2016年度より「被災者の生活再建とコミュニティ形成の課題」をテーマとして設定している。東日本大震災から時間が経ち、東北大学に入学したばかりの学生（特に東北以外の出身者）は、仙台市街地やキャンパスといった生活圏にいることが多く、あたかも被災地は復興し、大震災は過去の話になったかのように捉えがち

である。しかしながら、実際には被災地の課題は現在進行形であり、復興の現状も厳しい。

　さらに被災地の内部でも「復興公営住宅に移り住んだら自立しなければ」「被災者はいつまでも甘えてはいけない」というような被災者に厳しい自立を突きつける復興観が流布しているが、これも生活再建の困難さの実態を知らない（あるいは、直視しない）ことによる社会的分断であると捉えられる。

　そこで、東北大学の学生に被災地の現状について理解してもらい、また新たなコミュニティに適応できず、生活再建に困難を抱える被災者がいることを知ってもらうために、このサービス・ラーニング授業をデザインした。コミュニティへの適応と形成の課題は、実際にその地域の中に入って、そこに暮らす人々の話を聞くことで理解できることも多く、フィールド・ワークを伴う授業である必要があった。

　また、東北大学CSLEAで筆者らはこれまでに多くの学生を被災地域にボランティアとして引率する経験をしており、その折に学生たちの存在は、ときに閉塞したコミュニティに外部から刺激をもたらし、住民たちを勇気づけることができることに気がついていた。そこで、単にフィールド・ワークを行うのではなく、被災者のコミュニティにとって「他者」である学生が、サービス（ボランティア）を提供しながら、学ばせてもらう授業として、サービス・ラーニングという方法を選んだのである。

　さらに、被災者の人々は「忙しいのに、単に話を聞きに来るだけの大学の先生や学生が多い」ということをしばしば言われることがある。謝金も払わず「単に話を聞く」だけで、生活再建に忙しい被災者を、いわば知的に搾取する大学関係者は多かった。筆者らもそういうことを自らしてきたかもしれないという反省に立ち、対等なパートナーシップを形成できる方法としてもサービス・ラーニングが必要だと考えた。

（3）学習者の学びとコミュニティへのインパクト、被災地における「市民性」 の定義

　学習者は、被災地の地域コミュニティにおいて、様々な「他者」と出会い、協働を通してパートナーシップを築きながら学び、インパクトを受ける。また地域コミュニティも、自らにとって「他者」である学習者からインパクトを受け、コミュニティそのものが変わっていく。筆者らはサービス・ラーニングとは互いに望ましいインパクトを受ける／与えるプロセスだと考えている。

　しかしながら、これまでの国内における先行研究では、サービス・ラーニングの教育効果の面（学習者へのインパクト）が強く押し出されている反面で、貢献の効果（コミュニティへのインパクト）については不明瞭な場合が多い印象を受ける。先行研究の多くが学生の成長に焦点を当てたものがほとんどで、コミュニティの受け入れの調査を行っている研究は時任ほか（2015）などに限られている。

　内海（2014）では、ボランティア教育には社会的公正の役割があるとしている。ボランティア活動によって困難に直面している人々との関わりを経て、社会の課題を知ることができる。多様な価値観や社会的立場にある他者と出会うことで、社会的公正とは何かという問いに立ち向かい、あるべき社会を目指す姿勢が身につくのである。

　アメリカのサービス・ラーニングの歴史を振り返っても、やはり根源には社会変革がある。さらにただの学びではなく学習者の市民性を涵養するという使命も負っている。被災地でのサービス・ラーニングについては、この市民性にあたる主体性を以下のように考えた。

- 「復興公営住宅に移り住んだら自立しなければ」「被災者はいつまでも甘えてはいけない」と決めつけず、現地の「他者」と直接的にやり取りをしながら、相手の立場に寄り添いながら課題を探り、本人やコミュニティで解決できることについては当事者をエンパワメントする。また、解決が難しい課題は、より大きなコミュニティや他の支援団体・行政等に繋ぐことができる主体。

上記のような主体の性質は、災害ボランティアや支援者として活躍している人々の考え方・行動であり、また平時のまちづくり等にも必要な資質で、「市民性」と捉えてよいと考えた。こうした主体を涵養するために、本事例の授業では、以下の点を大事にして進めて行こうと考えた。

- 被災された方に寄り添いながら、その生の声（我々は被災地でのボランティア経験から、そうした声を「つぶやき」と呼ぶ）を聴き、学生がそうした「つぶやき」からコミュニティの課題を適切にアセスメント（評価）できるように指導する。
- アセスメントに基づき立案した企画については、コミュニティのキーパーソン（復興住宅団地であれば、団地会役員等）にその意図も含めて説明し、それに対して意見・異論等あれば遠慮なく言ってもらえるような関係づくり・雰囲気づくりに努める。
- 単に知るだけに留まらず、企画実施により、小さくても良いので、コミュニティに望ましい変化（インパクト）をもたらすよう努力する。
- コミュニティにどのような変化が望ましいのかを把握し、また我々が起こした変化を良い意味で今後に繋げて利用してもらうために、当該コミュニティを継続的に支援している団体をカウンターパートとして、授業をスーパーバイズしてもらう。

杉原ほか（2015）によれば、現地の人々と教員が協働で評価基準を開発・活用することによって、現地での活動・学習にかかる目標の意識化・再設定、意義・方法・役割の明確化、現地の人々や他学生との意義の共有・一体感の獲得等に対して、有用であるとの報告がなされている。筆者らも現地の人々とカウンターパートとした支援団体とともに、共通の目標を形成し、評価なども一緒に行いながら授業を進めていくことを心掛けた。
　またコミュニティの構成員に信用してもらうためには、とにかく何度も現地に足を運ぶ必要があるため、授業時間外でも学生が望めば、現地を訪問できる

ようにも手はずを整えた。

　それでは、以下で今回のサービス・ラーニング授業の実践報告をしていきたい。

2 ｜ 被災地域のコミュニティとのサービス・ラーニング授業の成立経緯

（1）2018年度の授業開講までの経緯

　東北大学では2011年6月に「東日本大震災学生ボランティア支援室」が発足し（のちにCSLEAへ発展的解消）、東北大学の学生をスタディツアー／ボランティアツアーの形で被災地に派遣する活動を続けてきた。これらのツアーは学生による課外活動の位置づけであったが、こうした活動から得られる学びを正課の授業に還元するため、2013年度からは「震災復興とボランティア活動」という科目を少人数ゼミ（基礎ゼミ）の枠組で開講した。

　2013年度の授業内容は、前期授業開講期間中に支援室が主催・共催するスタディツアー／ボランティアツアーに参加してもらい、被災地域で活動する経験をしてから、受講生をグループ分けして、夏季休業期間中にスタディツアー／ボランティアツアーを自主的に企画してもらうという内容であった。

　その後、2014年度、2015年度と授業の展開について試行錯誤を重ねながら東北大学の教員が授業を引き継いできたが、2016年度から主担当教員になった藤室は、活動地域とテーマをより絞った形で開講することにした。活動対象となる地域のニーズに合わせ、「被災者の生活再建」と「復興住宅におけるコミュニティ形成」をテーマとしたサービス活動をすることにしたのである。2016年度は復興住宅団地等に移り住む被災者が増えてきた時期で、そこで新しくコミュニティ形成の支援が必要とされていた。一方で、移転先が決まらずに仮設住宅に取り残されている人々もいる状況にあった。新しく移り住んだ地域での生活を不安に感じる人も多くおり、被災地の状況に即した形でそうした

不安の解決を目指した授業を展開したのである。2017年度にも同様の主旨と内容で授業が実施された。また、活動の対象となる地域も、前年度と同様であった。

　2018年度は菊池が「ボランティアを通して被災者の生活再建・コミュニティ形成の課題を知る」の主担当を藤室から引き継ぐことになった。2018年時点における東日本大震災の被災地の状況は、仮設住宅が本格的に解消され始め、復興住宅へ被災者が移り住むのが進む時期であった。2015年などから復興住宅に住む人同士でのコミュニティが形成されつつある中で、さらに新しく入居してくる人もいるような時期であった。

　仮設住宅に住んでいた被災者が新設された復興住宅に移り住んだことで、見かけ上は「復興」したかのように捉えられがちだが、実際には被災前と住民の状況は著しく変わっており、注意深く被災地の様子を見なければ気づかないような課題を潜めている状況にあった。例えば、仮設住宅からの転居によるコミュニティの分断、住民の高齢化、健康状態の悪化などが挙げられる。

　こうした課題を学生が被災地に足を運びながら自ら発見し、被災地域のコミュニティに望まれているサービスを展開することを授業の目標とすることにした。

(2) 基礎ゼミから生まれたサークル「たなぼた」

　東北大学には「たなぼた」というボランティア・サークルがある。この「たなぼた」は、2016年度の同授業の受講生によって組織された。授業受講後に授業の枠組みとは別に、自主的なボランティア・サークルとして被災地域のコミュニティ（活動場所は授業でフィールドとした場所と概ね同じ）でボランティア活動をしているのである。サークル名は、「たんい（単位）がなくてもボランティアしたい」という意味合いからネーミングされた。

　この「たなぼた」はその後の授業に大きな影響をもたらすことになる。「たなぼた」は月に1回程度の頻度で、被災地域コミュニティにおいてサロン活動などのボランティア活動を継続していた。2018年度当時には自主的に地域の

お祭りやイベントなどに参加するようになっていた。

　定期的な活動が「たなぼた」により実施されることで授業のカウンターパートとなる地域の自治会、NPOや社会福祉協議会など、被災地域のコミュニティと東北大学CSLEAとの信頼関係が築かれ、コーディネーター側の教員としてもコミュニティにおいてどのような活動が求められているのかが把握しやすかったのである。

　「たなぼた」では、1回に20名前後の人を呼んでサロン活動をしていた。サロン活動に参加してくれるのは、顔馴染みの人たちが多く、新しく参加してくれるのは毎回少数であった。

　一方で、サービス・ラーニングの授業では、しっかりと被災地域コミュニティの現状を分析し、どのような活動を求められているのかを理解して準備した上で、交流会等を開催する。そのぶん規模が大きくなり、普段「たなぼた」の活動に参加してくれている人以外にも接触することができるようになるという効果がある。

　詳細は後述するが、ある復興住宅団地では「たなぼた」がボランティアでサロン活動を開催するといつも参加してくれる、団地会の主なメンバーの人たちが、授業の学生の活動も手伝ってくれることになった。

3 ｜ 授業の実践例：「被災者の生活再建・コミュニティ形成の課題とボランティア活動」

　授業概要は表5.2の通りである。1年次を対象とした基礎ゼミであるため、学部学科についても様々な所属の学生が受講することになった。受講希望者が多い年では20名以上となり定員を超えることもあったが、2018年度は14名の受講に落ち着いた。この14名を3つの班に分けて授業を行った。

　授業スケジュールについては表5.3の通りである。「たなぼた」の協力を得てフィールドワークをしてから課題を整理し、班ごとにボランティア活動の企画を立案し、現地の方との打ち合わせを経て実施するといった流れである。つま

表5.2　授業概要

授業名	「被災者の生活再建・コミュニティ形成の課題とボランティア活動」
受講生数	14名（文学部2名、教育学部3名、医学部2名、歯学部1名、工学部5名、農学部1名）
開講期間	2018年度前期　月曜日3・4校時
フィールド先班担当	石巻a班（4名）—A団地 石巻b班（5名）—B団地 仙台班（5名）　—D・E団地
授業の進め方	4月授業初回で被災地の現状に関するガイダンス、4月下旬にフィールドワークをして被災地の課題抽出、5月中に二次資料の探索やフィールドワークで得たデータの整理、6月中にボランティア企画考案と現地の方との打ち合わせ、6/30・7/1にボランティア活動を企画、7月中旬にグループごとのまとめ学習・発表。
授業評価の方法	フィールドワーク感想レポート（10%）、中間レポート（30%）、ボランティア活動の企画書（10%）、グループでのポスター発表（20%）、期末レポート（30%）

表5.3　授業スケジュール

2018年度第1セメスター　基礎ゼミ「被災者の生活再建・コミュニティ形成の課題とボランティア活動」
授業後の打ち合わせなどで4限にまたがることもある。フィールドワークの参加や実施で土日に開催することもある。

回	日程	内容	備考
1	4月16日	ガイダンス、自己紹介、昨年度の基礎ゼミ紹介、4月22日・28日フィールドワークの案内、班分け、被災地における新たなコミュニティ形成の課題をレクチャー、足湯講習会	この日は4限まであり
2'	4月22日	石巻フィールドワーク（基礎ゼミ・展開ゼミ継続サークル「たなぼた」合同）	
3	4月23日	22日フィールドワークの振り返り、課題整理ワークショップ(KJ法)説明	
2'	4月28日	仙台フィールドワーク（基礎ゼミ・展開ゼミ継続サークル「たなぼた」合同）	
	4月30日	祝日	
4	5月7日	28日フィールドワークの振り返り、課題整理ワークショップ(KJ法)実践	フィールドワークの参加感想文提出日(1,000字程度)
5	5月14日	フィールドワーク・ワークショップを経て、個人の興味関心について調べ学習、および復興住宅の課題について解決方策を考える	
6	5月21日	提出レポートについて各自プレゼンテーション	中間ふりかえりレポート提出日（2,000字程度）
7	5月28日	6月30日・7月1日の活動企画ラフ案作成（班ごと）	
8	6月4日	現地の方との打ち合わせ、企画チラシ送付方法確認（班ごと）	現地での打ち合わせを想定（この日は4限まであり）
9	6月11日	打ち合わせを経ての調整、企画準備①（班ごと）	
10	6月18日	企画準備②、企画チラシ作成・送付準備（班ごと）	
11	6月25日	他の班のメンバーへのレクチャー、企画準備③（予備日）	グループでの活動企画書提出日（仮）
12	6月30日	活動①	
13	7月1日	活動②	
14	7月2日	活動振り返り、7月9日報告のポスター発表の分担決定	この日は4限まであり
15	7月9日	各班発表、全体の振り返りなど	グループでの活動報告の実施
	8月上旬	全体ふりかえりレポート締切	

り、授業の大きな目標としては、2018年度の場合には6月30日と7月1日に向
けて、復興住宅でのコミュニティ形成の課題解決につながるようなイベントを
企画して実施してもらうということになる。イベントは復興住宅の集会所等を
利用して実施してもらうことになっている。

（1）フィールドを知ってもらう

　この授業の特徴は、学習者たちにまずは実際の復興住宅のコミュニティに入
ってもらうことである。活動先のフィールドやコミュニティについておおよそ
の情報は伝えるものの、学生に情報を詰め込むことよりも、まずは実際の現場
を目にしてもらうことを大切にした。これは、学習者が現地に行って、実際に
被災された方からお話を聞くことで、学習への動機付けを得ることを重視した
からである。動機付けされる前にいくら情報を与えても、学習者は興味を持ち
にくい。また、実際に現地に行って肌で感じなければ分からないことも多く、
現地の人と話すことで被災地域の課題も理解しやすくなる。被災地域の課題抽
出をするのであるから、実際の現場から情報を読み取らなければ、コミュニテ
ィに必要とされるイベントの企画を立案することも難しい。

　そこで2018年度は授業開講から間もない4月中に、先ほど紹介した「たなぼ
た」が企画するボランティア活動に参加してフィールドワークを行ってもらっ
た。4月22日と28日でそれぞれ石巻市と仙台市の活動に行ってもらい、足湯
やサロン活動を通して住民の被災体験や生活状況等を聞いた。

　まだ大学入学間もない学生でかつ、被災地に関する情報もさほどないままに
課題抽出できるのかという疑問もあるかもしれない。そこで、ある学生が書い
たフィールドワークのレポートの一部を紹介する。

　　ボランティア活動を通して、復興住宅に入居した方々の複雑な心境を垣間見る
　ことがあった。積極的な意見としては
　　● 民謡教室に通っていて友人が増えた
　　● イベントに参加するのが楽しい

などがある。しかし一方で現状に対する不満や不安が漏れることもあった。そのような意見としては

- 隣人と話したことがない、話しかけづらい
- あまりうちの外に出ない
- 震災後、精神面・身体面の不調で病院に通うようになった

などがある。また、集まって話すことはあるが実はお互いの名前を知らないということもあった。これらの意見から、自分が受け入れられるコミュニティを作る・見つけることができた人とまだできていない人の間で精神的安定感の差が広がりつつあることがわかる。

　被災地に関する情報についてはあまり詳しくは伝えていないものの、実際に被災者との会話を通して、以上のような分析をしている。これはただボランティア活動をするということではなく、「コミュニティ形成」「被災者の生活再建」というテーマがあり、参加した学生も被災者の「つぶやき」がどのような意味があるのかを考えることが大切だと事前にレクチャーを受けたことによるものである。

　また、フィールドワーク後にリフレクションをしっかりと行った結果であるとも言える。被災者との会話で得た「つぶやき」を指定のフォームに書き出させ、さらにその日の活動でどのようなことがあったかをしっかりと反省会で話をさせるようにする。ここで出た情報に関して、教員がしっかりとその意味について教えることも重要である。

　このフィールドワークは「たなぼた」が主催するボランティア活動に参加して行われた。授業の最終的な目的は、受講生自身がボランティアとしてイベントを企画することだが、その具体的なイメージを学ぶという意味もフィールドワークにはある。自らボランティア活動を企画するには、実際のフィールドを被災者の「つぶやき」などからまずは知ることによって、どのようなニーズが被災地域のコミュニティにあるのかを把握することが重要であることも伝えた。

(2) 実際に見聞したフィールドの情報を客観的にまとめる

　フィールドワークのレポートや被災者の「つぶやき」は、重要な一次資料ではあるが、各々の主観や誤謬も入っており、裏付けなしに利用すると現地の課題等について誤った解釈をしてしまう場合がある。大学教育としては客観性を持たせるための調査方法を教えることも必要だろう。

　大学生になったばかりの受講生たちはそういったレポートの書き方に慣れていない。そこでCiNii（学術情報データベース）での論文検索や新聞データベースの検索方法を伝え、二次情報の収集方法についても講義した。自身が見聞したフィールドの情報についての考察やボランティア企画の検討に生かしてもらうために、調査をしてまとめる中間振り返りレポートを課した。

　ここで教員が示した中間振り返りレポートの狙いは図5.2の通りである。フィールドで得られた情報とフィールド外で得られた情報をまとめる訓練をしてもらった。

　中間振り返りレポート提出日の5月21日の授業では、同じグループでそれぞ

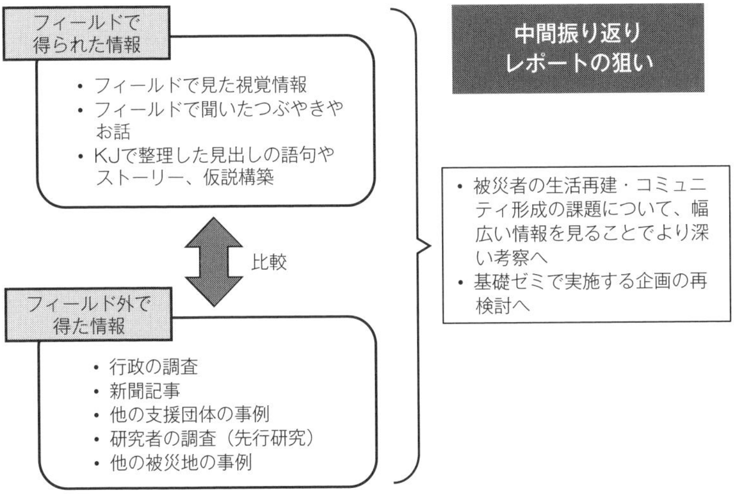

図5.2　中間振り返りレポートの狙い

れが執筆したレポートを共有してお互いにどのような興味関心があるかを確認し合った。学習者同士でレポートをお互いに読み合うという機会はあまりないかもしれないが、被災地の課題についてどのように捉えているかを知ることも重要であるし、どのようなボランティア企画をするのかについても班内で共通した認識が必要である。さらに、レポートをお互いに見せ合うというのはある種の緊張感が生まれ、しっかりとレポートを執筆しなければならないという姿勢も生まれる。もちろん学習者は恥ずかしい気持ちもあるが、互いにそれぞれのレポートを見合うことによって、レポート執筆力の向上と班のメンバーの相互理解に繋がったと考えられる。

　中間振り返りレポートのテーマは、「どのようなボランティア活動が被災地域のコミュニティに求められるか」であった。それぞれが書いたレポートを踏まえてチームごとに、6月30日、7月1日に開催されるボランティア活動でどのような企画をしたいのかを話し合ってもらい、5月28日の授業で企画書のラフ案を作成してもらうことにした。

　計2回の授業で企画書を作成してもらい、6月4日にはグループごとに現地へと赴いてカウンターパートとなる現地の方との打ち合わせの時間を設けた。もっとしっかりと時間をかけて企画案を作成して現地の人に相談する方法もあるが、これまでに実践を重ねてきた結果、なるべく早いうちに現地の方と打ち合わせをして対話によるフィードバックを得た方がいいと筆者らは考えている。

　学生なりに課題抽出をしてボランティア企画を立案するのだが、実際にはその内容と方向性が現地の方の希望（ニーズ）と合っているかは分からない。そうであるならば、最初に現地の方に十分にヒアリングしてから計画を立案した方がいいのかもしれないが、やはりこちらから提案したものをたたき台とする方が、活発な意見交換をしやすいのである。これはシグモン（Sigimon, 1979）にも示されている通り、お互いにサービスについてコントロールする力を持つという考えにも即したものである。

　学生の企画内容もこの時点では十分な域には達していないので、現地の方からことごとくダメ出しを受ける班もあった。だが、それは現地の方が学習者に

対して本音を言える場でもあった。この打ち合わせという「他者」との摩擦を乗り越えると、学習者たちも何をすればいいのかが明確になり、具体的な目標も生まれることになる。

(3) 現地の方との打ち合わせ

　この授業では3班に分けてそれぞれのフィールドでボランティア活動を企画してもらい、最終的にはどの地域でもコミュニティに対して満足してもらえるサービスを提供できたのだが、ここからは石巻A団地で活動した石巻a班の取り組みを中心に紹介していく。どの班の取り組みも素晴らしかったのではあるが、とりわけ石巻a班の活動がコミュニティへのインパクトを説明しやすいためである。

　石巻A団地は、東日本大震災後に新たに建設されたマンション型の復興住宅団地であり、3棟120戸の規模である。また周辺地域には自立再建された戸建が増えてきていた。「たなぼた」が月1回程度の頻度で、復興住宅の住民を主な対象として、コミュニティ形成を目的とする集会所を利用したサロン活動をしていた。しかし、自立再建された戸建も含めた町内会の発足が予定されていたこともあり、今回（2018年度）の授業実践では団地と周辺の戸建の交流によるコミュニティ形成を目的とすることにした。

　なお、A団地などには一般社団法人石巻じちれんが自治会や住民活動、ボランティア活動のサポートをしている。同授業では2016年度より石巻じちれんをカウンターパートとして協力をお願いしており、今回の授業でもお世話になった。

　フィールドワークを経て、1人の受講生が「A団地の集会所で行われているイベントには戸建の住人は参加しづらいのではないか」という仮説を立てた。そこで授業実践では、普段は参加の呼びかけをすることがなかったA団地周辺の戸建に対しても意識して広報活動を行い、企画を立案することになった。

　イベントの企画は復興住宅団地に高齢者が多く、戸建に若い世代が多いこと

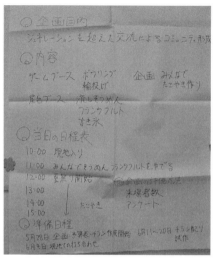

写真5.1　石巻a班の企画内容をまとめた構造紙

も踏まえて、世代を超えたコミュニティ形成を目的とし、集会所近くの広場で流しそうめん・フランクフルト・かき氷などを提供し、子どもを対象とした遊びとしてボウリングや輪投げを用意することとした。これは復興住宅団地を対象としたサロン活動などに参加するのは高齢者がほとんどであるため、戸建に多く住んでいる子どもをターゲットに加えることで、多世代間交流および団地と戸建の交流を目指すものでもあった。

　石巻a班は5月28日の授業で、写真5.1に示した企画を立案した。これを企画書に落とし込み、6月4日の授業日に、A団地の自治組織である団地会の役員に相談しに行くことになった。

　しかしながら、学生たちが提示した案は否定されてしまう。現地の方が否定した理由としては以下の点が挙げられる。

- もうすぐ復興住宅団地と戸建を含めた町内会ができる時期で忙しくそんなに大掛かりなイベントは難しい。
- 建設予定の町内会の範囲だけでなく、より大きな範囲を対象としているが、規模が大きすぎるし、周辺地区全体で8月に行う予定の夏祭りと内容が被っている。
- 周辺の戸建との関係づくりについても、町内会発足を控えているので、慎重に進めたい。
- 普段から来ている「たなぼた」の学生と違い、まだ1回しか来ていない学生たちは信用できない。

　つまり、イベントの趣旨や目的（多世代間交流による団地と戸建のコミュニティ形成）については良かったのだが、内容が多岐にわたっていたことで、実現可能性が疑われ、また対象とする範囲が適切ではなく、さらに同時期に行われる他のイベントとの兼ね合いが問題視されたのであった。また、この打ち合わせで訪問した学生たちは、A団地の方と会うのは2回目という「新参者」であるが故に信用もなかった。そうしたことを率直に指摘されて学生たちは一時的に落ち込んだが、気を取り直してイベント内容の再検討に励んでくれた。

　その後、当初の予定よりも規模を縮小して、流しそうめんを中心に実施することにした。また、企画の対象範囲も発足予定の町内会の範囲のみとした。団地と戸建の交流については賛同を得ることができたため、周囲の戸建を訪問してイベントの案内をすることに関しても了承をもらうことができた。さらに、戸建に住んでいる何人かのキーパーソンについても教えてもらうことができた。

　6月11日、18日はボランティアの企画準備をし、石巻a班については6月25日に再度現地へと赴き、団地の方々と再度打ち合わせを行い、戸建を戸別訪問してチラシを配布して7月1日の企画の案内をした。学生たちは緊張して訪問したが、戸建の方々の反応は概ね好意的であった。特に若い母親世代は学生の訪問を喜んでくれた。

（4）大盛況だったボランティア企画本番

　7月1日の企画当日はというと、晴天にも恵まれて80人程度の団地と戸建の住民が来訪した。大規模な企画となったため、石巻a班の4名に加えて、仙台班の学生と一般の学生ボランティアも募集して10名超で企画に取り組むことになった。

　参加者の内訳を見てみると、「たなぼた」が主催するいつものサロン活動ではあまり顔を見ない団地の方に加えて、戸建に住む20〜30代の親世代が子どもを連れて参加している様子も目立った。子ども達の流しそうめんをしたいという要望に応えて、普段は地域交流イベントに参加することが少ない親世代も参加したものと考えられる。また、学生が戸建を訪問して広報をしたことも効

果があったようである。それに加えて、戸建からイベントの準備や片付けを手
伝ってくれる人も来てくれた。

　この班のメンバーのある学生はレポートで以下のように振り返っている。

　また今回子供向けの遊びという企画を行ったのは、我々学生が子供達の遊び相手
を引き受けることで、子供達の親御さん達（多くは戸建の住民）が子供のことを
気にせず大人同士の会話に集中でき、大人同士（特に復興住宅と戸建の住民間）
の親睦を深めてもらえるのではないかという意図であったが、実際にイベント当
日そのような光景も見られ、企画の目的に関してもかなり達成できたのではない
かと思う。

　当初は学生に厳しい意見を言った団地会の役員も、イベントの大盛況を受け
てとてもいいイベントになったと評価してくれた。団地に住む参加者からは
「こんなに楽しい企画は初めて」「子どもの声が聞こえるのが嬉しい」といった
声が聞こえてきた。戸建に住む参加者からは「今までは遠慮があって、団地で
子どもを遊ばせられなかったけれど、どのような人々が住んでいるか分かって
安心した」という声が聞かれた。

　また、普段「たなぼた」が開催しているサロン活動に参加してくれている住
民たちも、学生の企画を手伝ってくれた。普段はサービスを受ける側の人たち
が、授業の受講生たちとともに地域のための活動に参画してくれたのである。
さらに、戸建の住民も当日に手を貸してくれた。

　ボランティア活動やサービス・ラーニングでは＜する－される＞の関係が固定
されがちであるが、このように共通の目標（今回は団地と戸建の交流）に向か
って取り組む協働関係によって、ボランティアを企画した学習者と現地の人々
とで良いパートナーシップを築くことができたと言えるのではないだろうか。

　学校・学習者とコミュニティのパートナーシップがサービス・ラーニングに
とって最も重要である。そしてより良いパートナーシップはそれぞれの違いを
乗り越えて、共通の目標に向かって協働する過程で形成される。サービス・ラ

ーニングとは「他者」と共通の目標を試行錯誤しながら設定し、そこに向かって協働するプロセスである。その結果、コミュニティにインパクトがもたらされ、また関わった一人ひとりも学びを得るのである。

（5）良いサービスを提供できた要因

　本事例のサービス・ラーニング授業を実践した結果、特にＡ団地では、大いに被災地域の人々に満足してもらうボランティア企画のサービスを提供することができた。その要因について、以下の3点を挙げる。

　1つ目にテーマ設定である。「被災者の生活再建」「コミュニティ形成の課題」にテーマを絞ることで、学生の授業内で考えるサービスの目指すべき方向を明示できた。これがさらに抽象的なテーマであると学生は何を目標とすればよいか分からなくなるし、反対に具体的なテーマでありすぎると創造性が生まれず、学生も教員に従属的な関係性になってしまうからである。良い企画をしてもらいたいのであれば、授業のテーマをしっかりと定めた上で、内容については自由度を持たせた方がいいだろう。

　さらに、2018年度は最後まで仮設住宅に住んでいた人々がＡ団地や周辺の戸建への引越しを完了しつつあった時期であり、地区としても新たに町内会などの地域組織を形成しつつある時期であった。そこに学生が入ることによって、特に戸建の子育て世代との交流を促し、地域におけるコミュニティ形成の促進に一役買うことができた。当時の状況に合ったテーマ設定だったと言えよう。

　2つ目に現地の協力者との関係性である。2016年度より一般社団法人石巻じちれんなどと連携しながら同授業を展開してきた。地域の課題解決をするためにはやはり現地の協力者との関係を築くことが重要で、地域の課題を教員自身も把握している必要がある。「たなぼた」を通してＡ団地に継続的な関わりを持っていることも重要な点であった。地域のコミュニティを形成していこうとする意思を石巻じちれんやＡ団地の団地会、教員との共通した認識として持っていたことが、ボランティアで陥りがちな＜する‐される＞の関係を超え

て、対等なパートナーシップを形成することになった。

　3つ目に学生と地域のキーパーソンと真剣に対話する場を設けることである。学生の企画書を地域のキーパーソンに直接的にぶつけることで率直な意見をもらい、それに基づいて当日の企画内容を変更し、イベント当日はたいへんな盛り上がりを見せることができた。この真剣な意見交換はお互いの協力し合おうという協力関係を生み出し、学生と現地のキーパーソンがともに＜する－される＞の関係を超えることができた。ただし、キーパーソンの影響力が大きすぎる場合には注意が必要で、地域のキーパーソンが学習者を従属的にする可能性があるし、誤った地域のアセスメントをしている場合もある。

4 ┃ サービス・ラーニングはコミュニティにとって有効か

　被災地域のコミュニティの現場や人に出会って衝撃を受けることは学習者の動機付けとして重要だが、それだけでは社会的公正を目指して市民性を学ぶサービス・ラーニングとしては十分ではない。被災地に触れて自分の力では何もできないと感じてしまうのは、また別の社会的分断を招いてしまう恐れがある。授業を通して被災地とパートナーシップを実感できるように、教員たるコーディネーターが仲介して学生でもできることがあると実感してもらえるようにすることが大事だと思っている。これは自然災害以外の課題を抱える地域についても同じことが言えるだろう。

　石巻a班が企画した流しそうめんの企画には多くの人が来て喜んでくれたが、それだけでは意味がない。写真5.2に示したように学生たちはしっかりとした目的を持って流しそうめんの企画を実施していた。「他者」である被災者と協働することによって、関係性を築くことが重要であり、学習者にとって、自ら仮説を立て、目標を明確にして、それを「他者」に説明し、時には厳しい意見をもらいながら、社会的実践に移す経験は、科学的・市民的態度を身に付けるのにも非常に重要である。また被災地・被災者との関わりで実際の社会課

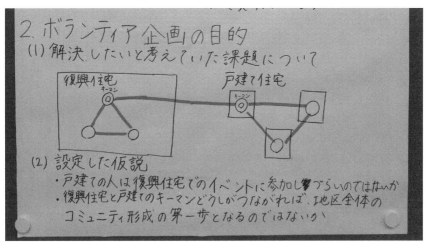

写真5.2　イベント実施後に石巻a班が企画の振り返りをした構造紙

題を認識して社会のリアリティを把握することも、市民性の獲得に繋がると考えられる。

　授業の内容を振り返って、ある学生はレポートで以下のように記している。

　この基礎ゼミを受講する前は、被災地におけるボランティアといえば、ハード面の復興がメインであり、その後の仮設住宅や復興住宅における生活で必要とされるソフト面の復興についてはあまり考えたことがなかった。今回基礎ゼミを受講して、復興住宅ではコミュニティ形成の難しさがあり、復興住宅でも生活に苦しんでいる人達が多く存在するということを知った。コミュニティ形成がうまく行われていないと、人との関わりを持つことが難しく、その結果、心を病んでしまったり、誰とも関わらずに孤独死してしまったりということが考えられる。新しい地域に一からコミュニティを形成する場合には、仮設住宅時にできたコミュニティでの結びつきが大きいため新しいコミュニティを作ることが難しく、元から住民が存在する地域では元から住んでいる住民の人たちとの関わりが難しいという問題が存在している。また、復興住宅全体の規模としてのコミュニティ形成を行うためにはその地域の町内会長や、中心となる人物がコミュニティ全体を理解

している必要がある。これらのことからコミュニティ形成は被災地にとって重要なことであるということを学んだ。

　東日本大震災の被災地での大きな課題は「コミュニティの再生」である。被災地域でのボランティアというと、建物などの復興が大切だと思われがちであるが、今回のサービス・ラーニングを通してコミュニティ形成の重要さを知ってもらうことができた。

　サービス・ラーニングによる「他者」との学びとは、「他者」たる現地の人々と対等な関係性（パートナーシップ）を築くことにより、お互いの理解を深めながら共通の目標を協働で作りあげて実行することで、その学びを最大化できるものではないだろうか。この学びは学習者だけのものではなく、同時にコミュニティにインパクトをもたらすものにもなろう。

謝辞
本章はJSPS科研費17K03918（研究代表者：西出優子）の助成による研究成果である。

参考文献・資料
中央教育審議会（2012）「新たな未来を築くための大学教育の質的転換に向けて～生涯学び続け、主体的に考える力を育成する大学へ～」（答申）, http://www.mext.go.jp/b_menu/shingi/chukyo/chukyo0/toushin/1325047.htm.（閲覧2019/10/15）
藤村好美（2007）「地域を変えるサービス・ラーニング－シビック・アクティビズムとその先駆け」, 日本社会教育学会編『NPOと社会教育』東洋館出版社, pp.208-221.
藤村好美（2010）「アメリカにおけるサービス・ラーニングの制度化に関する一考察」, 広島大学大学院教育学研究科『教育科学』第27号, pp.5-26.
Furco, A.（1996）"Service-Learning: A Balanced Approach to Experiential Education", *Expanding Boundaries: Serving and Learning, Washington* DC: Corporation for National Service, 2-6.
唐木清志（2010）『アメリカ公民教育におけるサービス・ラーニング』東信堂.
北川進（2019）「宮城の生活支援相談活動　これまでとこれから～私たちが目指す地域の姿とは～」, 福島県社会福祉協議会 避難者生活支援・相談センター, http://pref-

f-svc.org/archives/12183（閲覧2020/1/8）

Sigmon, R. L.（1979）"Service-Learning: Three Principles", *Synergist*, National Center for Service-Learning, ACTION, 8（1）, pp.9-11.

Sigmon, R. L.（1994）*Linking Service with Learning*, Washington, D.C.: Council for Independent Colleges Report.

杉原真晃・橋爪孝夫・時任隼平・小田隆治（2015）「サービス・ラーニングにおける現地活動の質の向上：地域住民と大学教員による評価基準の協働的開発」,『日本教育工学会論文誌』Vol.38, No.4, pp.341-349.

時任隼平・橋爪孝夫・小田隆治・杉原真晃（2015）「過疎地域におけるサービス・ラーニング受け入れに関する研究」,『日本教育工学会論文誌』Vol.39, No.2, pp.83-95.

内海成治（2014）「第1章 ボランティア学の原点」, 内海成治・中村安秀監修『新ボランティア学のすすめ：支援する／されるフィールドで何を学ぶか』昭和堂, pp.2-28.

山田一隆（2016）「米国高等教育におけるサービスラーニング：市民学習と学習成果をめぐる政策と評価枠組の概観」, 立命館大学政策科学会『政策科学』23巻3号, pp.113-136.

第 6 章

アートプロジェクトから学ぶ
教養としての創造的思考

縣　拓充

1 | アートプロジェクトと学び

　「アーティスト」という人々に対して、疎遠で近寄りがたいイメージを有した人は多いであろう。確かにかつてのアーティストは、ほとんどの人が直接関わりを持つことのない、それゆえにいくらか謎に満ちた存在であった。しかしながら、アーティストの制作の過程を見たり、直接話をしたり、あるいは、協働で活動をしたりするような機会は、いまや珍しいものではなくなってきている。

　例えば、「ワークショップ」という実践の広がりが挙げられる。ワークショップとは、教える側・教わる側の役割が明確な「学習講座」のような活動へのカウンターとして、両者の間の双方向性なインタラクションを重視するかたちで実施され始めた（降旗 2000）。今日、アーティストやプロの表現者がファシリテーターを担うようなワークショップは、美術、音楽、演劇、ダンスなど芸術のあらゆるジャンルのものが見られ、また美術館の教育普及活動の一つとして積極的に行われている他、学校や地域での取り組みも数多い。

　そしてもう一つ、アートの制作を地域の中で、素人市民と関わりながら行う「アートプロジェクト」、あるいは「地域系アート」と呼ばれる活動も、ますますの広がりを見せている。アートプロジェクトは、アーティストと市民の間の協働による活動であり、多くの場合、アーティストが描いたプランによって制作が行われるのではなく、アーティストが主導しつつも、市民の発想も取り込みながら活動が展開する（e.g., 神野 2017; 川俣 2001）。

　筆者は、これら「アーティスト」という馴染みのない他者との学びの機会は、アートを専門とするわけではない学生に対しても、ユニークかつ強力なポテンシャルを有していると捉えている。ただし、両者にとって実り多い活動となるためには、「実践のデザイン」が極めて重要となると考えられる。

　本章では、アートプロジェクトを総合大学の教養教育の中に位置づけた活動を取り上げ、その主旨や実践上の工夫、実際の協働の過程を紹介する。その中

で、アーティストという他者との学びの可能性を考えていく。

（1）現代のアート

　1917年にマルセル・デュシャンが《泉》を発表した後、専門領域としての
アート（美術・芸術）の表現の本質は、「何を作るのか」から、「何を選ぶの
か」に大きく変化したと言われている。すなわちその時点から、絵画や彫刻作
品を制作する上での「手による技術」はアートに不可欠な要素ではなくなり、
それよりもむしろ、「何を選び、価値づけるのか」という概念的な要素が問わ
れるようになっていった。

　それを裏付けた一つの研究として、ゲッツェルズとチクセントミハイ
(Getzels and Csikszentmihalyi 1976) が挙げられる。ゲッツェルズらはアート
スクールの学生を対象に、性格検査から制作過程に関わる実験までを含んだ多
様な調査を実施した上で、卒業後も追跡を行い、アート領域において成功する
には何が重要なのかを特定しようと試みた。その結果、後にアーティストとし
て大成していた学生ほど、作品を作り始める前に、何を、どのように表現する
かを考えるのに時間を費やしていたり、作りながらプランを柔軟に変更してい
たこと、すなわち「問題発見」への志向が強い者であったことを特定した。ま
た他の要因は、いずれもほとんど成功を予測しなかった。アートには天才的な
発想や技術が必要だというイメージは今日でも強いと思われるが、この研究
は、アートの領域においては、新しい視点を提示しようという志向が最も重要
であるということを示したと言える。

　そして1980年頃、アートの潮目はさらにいくらかシフトしたと言われてい
る。その頃より、アーティストたちはただ領域内での新しい表現（アバンギャ
ルド）を希求するのではなく、日常や現実世界にその眼差しを向け始め、同時
に鑑賞者や社会への影響をより強く意識するようになっていった（e.g.,
Helguera 2011=2015; 神野・山根・縣 2012; 小崎 2018）。

　今日の現代美術は、表現に関わる、多様なベクトルの実験の場となってい
る。社会的・政治的な視点を含んだ作品が多くみられ、また異なる文化的バッ

クグラウンドやマイノリティの視点を我々が知るプラットフォームとしても機能している。アーティストたちは、多くの人が目を向けていない社会の問題について、鑑賞者に思考を促そうとしている。そしてもちろん、新しい視覚的・感覚的体験を追求した表現も多く存在し、新しいメディアや技術も積極的に導入されている。これらのことから、現代のアートは、世界の多様かつ多元的な見方や価値観、あるいは、多くの人が気づいていない潜在的な可能性や問題について我々が認識し、向き合う上での、きっかけや媒介となる役割を持つものだと言うことができるだろう。

(2) アートプロジェクトとは

　そのようなアートの領域において、2000年ごろより、殊に日本で「アートプロジェクト」が一つのブームとも呼べる状況となっている。アートプロジェクトとは、その名の通り「アート」による「プロジェクト」のことであり、市民や様々な人を巻き込みながら制作が行われ、最終的に出来上がる作品よりも、そこに至るプロセスや参加者の体験が重視されるような活動を指す。

　熊倉（2014: 9）はアートプロジェクトの特徴についてより具体的に、「1）制作のプロセスを重視し、積極的に開示、2）プロジェクトが実施される場やその社会的状況に応じた活動を行う、社会的な文脈としてのサイト・スペシフィック、3）さまざまな波及効果を期待する、継続的な展開、4）さまざまな属性の人びとが関わるコラボレーションと、それを誘発するコミュニケーション、5）芸術以外の社会分野への関心や働きかけ」の5点にまとめている。これらの要素により、アートプロジェクトは特に過疎や高齢化が進む地方において、地域活性化や交流人口・定住人口を増加させるために積極的に展開されている。新潟の十日町市を中心とした山村部にて2000年より実施されている「越後妻有 大地の芸術祭」は、その先駆け的なものと言える（北川 2014）。

　このようなアートプロジェクトが登場するまで、一般市民がアーティストと接するのは、専ら完成した作品を介した「鑑賞」という形態でのコミュニケーションであった。他方で、一部のパフォーマンスを行うような作家を除けば、

市民がアーティストと直接関わることはほとんどなく、またその作品が出来上がるまでのプロセスも知る術がなかった。

　対してアートプロジェクトの中では、「参加」というかたちでより主体的にアートの制作と関わることができる。多くの場合はアーティストの活動の過程を間近で見ることが可能で、直接意見を交わすこともできる。このようにアーティストとより長い時間を共有して対話の機会を持つことが可能であるという部分、そして、作品創作の過程に触れ、ともすればそこに貢献しうるという部分に、市民にとってのアートプロジェクトの大きな特徴がある。

(3) アートプロジェクトが孕む問題

　ただし一方で、アートプロジェクトは、「アート」という領域の特殊性と、「プロジェクト」という活動の構造とが相まって、様々な問題が生起しやすいことも指摘されている。

　その代表的なものの一つとして、「搾取」の問題が挙げられる（e.g., 吉澤2011）。すなわち、プロジェクトのデザインや参加者に与えられた役割によって、参加者はただ末端部分の制作を「手伝わされる」ということに陥ってしまう危険性である。この場合、アーティスト側は望んだ通りに作品制作ができるかもしれない。しかし参加者側は、アーティストにとって協働の相手と言うよりも、ただ制作を進めるためのマンパワーに過ぎず、活動の目的意識を共有することもなく終わってしまうこともある。当然このような関わりの中では、意義ある体験や学びは生起しにくい。

　あるいは逆に、アーティスト側が望まないかたちで市民と関わることが要請されるケースも存在する。例えば、参加者の行いたいことや表現を過度に取り入れるがゆえに、アーティスト側がその活動の中での探究や挑戦性を放棄してしまう場合がありうるだろう。このようなプロジェクトは、参加者にとっては分かりやすく楽しいものになるかもしれないが、真正な、生の創造のプロセスに触れることができないというデメリットも生じうる。

　その他、そもそも素人市民とのコミュニケーションに不慣れなアーティスト

も少なくないこと、アーティストと市民の間で、アートに対する知識や考え方に大きなギャップが存在すること、それぞれのモチベーションや目的意識が必ずしも一致しないことなど、両者の協働を難しくする要素は多数挙げられる。

それゆえ、素人市民とアーティストをただ関わらせるだけでは、有意義なコラボレーションは生起しにくい。どこで、どのようなアーティストと、どのような協働を行うのかというキュレーションの視点が求められるし、両者のコミュニケーションを取り結ぶマネジメントの役割も重要となる。

また、特にアートは「経験すること自体に意味がある」「その体験が長期的に意味を帯びることがある」という言い方がしばしばなされる。アートの効果が、短期的・認知的な成果に還元できないという意味において、それらは一概に間違いとは言えない。しかしそれが「教育」の一環として行われる場合、実施者側は、その活動への参加が学習者にとってどのような意味を持つものになるのかを明確にした上で、そのためのデザインを施すことが必要となると言える。

2 ┃ 教養としての創造的思考

本章では、大学教育の中でも、特に総合大学の「教養教育」にアートプロジェクトを取り入れた実践を取り上げる。

大学発のアートプロジェクトの草分け的な活動として、東京藝術大学が茨城県の取手にて1998年より展開している、「取手アートプロジェクト」が挙げられる。その後、様々な大学が地域や市民と連携した取り組みを行うようになっていったが、そのほとんどは芸術系大学が展開するものである（本田 2016）。芸術系大学が行うプロジェクトの場合、参加する学生は基本的に「表現者」、すなわち、アーティスト側に近い立場として関わることになる。アートを介して市民と関わりを持つようなプロジェクト型の活動を行うことを、芸術表現に関わる専門教育の一環としてカリキュラムに取り入れる必然性は高い。

　それでは、必ずしも表現者を目指すのはなく、アートを専門とするわけでもない総合大学の学生たちが、敢えてアーティストとの協働によるプロジェクトを行うことにはどのような意味があるであろうか。

（1）アーティストとの協働

　アート領域のことを専門とするわけではない人々にとっての、アートプロジェクトに代表される「アーティストとの協働」に期待される学びのポテンシャルは、大きく2つの側面に大別できると考えられる。

　一つは、アーティストの表現が提示する多様性やオルタナティブな視点について、より実感しやすいという点である。先に触れた通り、現代のアーティストは、多くの人が気づいていない、社会に存在する多様な眼差しや、見知らぬ文化や歴史のありよう、潜在的な価値や関係性などを知るきっかけとなる存在である。そのユニークな視点は作品を介したコミュニケーションにおいてももちろん得られるが、アーティストと協働で活動を行うことにより、それらをより直接的に、あるいは生々しいかたちで認識できると考えられる。

　もう一つは、アートの制作プロセスに触れることに期待される効果である。プロジェクトの中では、アーティストの発想や思考の仕方、創造的な活動のプロセスなどについて、直接目にしたり、その一部を体験することができる。アーティストはどのように問題発見をし、どのような要素に着目し、どのような可能性を考え、想像し、試行錯誤や判断をするのか、その一連の過程を知ることは、創造や表現の活動について理解を深めていくことにつながるだろう。特にクリエイティブであることが大きな価値を持つ時代にあっては、多様な職業や生き方の活かされる汎用的スキルとしても、その意義はますます大きいと考えられる（縣・岡田　2013; Florida 2003=2008）。

（2）創造的教養

　縣・岡田（2013）は、創造性に関わる学びのあり方に関して、「創造的熟達者」とは別に、「創造的教養人」を育む必要性を提起している。前者は、創造

的領域のエキスパートであり、しばしば「10年ルール」（縣 2017; Simon and Chase 1973）と呼ばれるような豊富な実践経験を積み重ねて、社会・歴史的に新しいものを生み出すことを可能にしている人々を指す。言うまでもなく、アーティストは創造的熟達者の代表例である。

　後者は、必ずしも創造的領域の専門家を目指すわけではないが、一つの教養として創造に関わる知を身に付けている人々である。より具体的には、創造的に考えるということ、新しいものを作り上げるということはどういうことかを知っており、また好んで創造活動に関わる志向を有している人々のことを指す（縣・岡田 2013）。このような創造的教養の学びにおいては、専門的知識を長い時間をかけて獲得することよりも、様々な場面で活かされるような、汎用的なスキルや態度を身に付けていくことの方がより優先度が高いと言える。

　Amabile（1983: 67-77; 1999）は創造性を、「専門的知識」「モチベーション」「創造的思考スキル」の3つが重なった領域として説明している（図6.1）。このモデルを用いて説明すると、創造的熟達者にはこの3つを全て高めていくことが求められるが、教養教育や普通教育においては、新しい物事を探究しようというモチベーションと、様々な文脈に活かされうる創造的思考スキルの2つがより重要になると考えられる。

図6.1　アマビールによる創造性の3つの要素（Amabile（1999）より一部改変）

　なお創造的思考スキルとしては、しばしば指摘される拡散的思考やブレイン
ストーミング等だけでは不十分である。なぜなら、それらが活きるのは創造の
一部分でしかないため、それのみを身に付けても創造は必ずしも促されないと
考えられるためである（Nickerson 1999）。むしろ、創造活動のプロセス全体
を知り、新しいものはどのように生み出されるのかという、創造の過程や方法
に関わるメタ的な理解を得ることの方がより重要だと考えられる（縣・岡田
2013）。

（3）アートの視点を活かした創造的思考のサイクル

　そのような創造的思考の全体的なプロセスについて、次節より紹介する実践
を行った神野と縣らは、様々なアーティストやクリエイターと活動を行う中で
観察してきた活動から着想を得ながら、認知科学的な知見も参照しつつ、幅広
い領域の創造活動に適用可能なように抽象化したモデルを構築している（縣
・神野 2015; 神野・縣 2014; 神野・山根・縣 2013）。モデルは6つのフェイズ
からなり、それぞれ行きつ戻りつしながら進行していく（図6.2）。以下に、モ
デルに含まれる6つのフェイズそれぞれについて説明する。

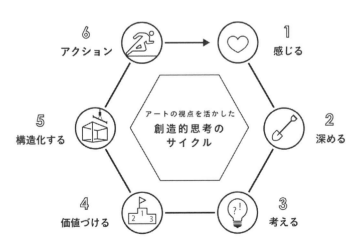

図6.2　アートの視点を活かした創造的思考のサイクル

①感じる

　最初は、「感じる」という段階、すなわち、様々な現象や状況について自分自身で見たり聞いたりし、ボトムアップで感情的な気づきを得るというフェイズが位置づけられている。多くのアーティストは、違和感や驚き、面白いといった感覚など、自らの感情を手がかりにしながら、日常的な現象や社会的な出来事について思索をし、それらを創作のきっかけにしている。

　このような感情や感性は、理性や論理とは対比的に用いられてきたが、近年の認知神経科学領域において、むしろ意思決定をサポートする役割を果たしていることが明らかにされている（Damasio 1994 = 2010）。また感情の重要性は決してアートに限定されず、様々な領域の活動において問題発見に寄与することが、様々な研究から示唆されている。

　例えば国際的に大きな成果を上げている分子生物学の研究室のフィールドワークを行ったDunbar（1995）らの研究では、研究者たちが驚き（surprise）の感覚を伴う予想外の結果ほど注目し、丁寧に検証を行っていることを明らかにしているが、この驚きも感情の一種である。また戸田山（2002）や鈴木（2009）は、レポートライティングの指導における、学習者のオリジナルな問いの生成を促すために、感情に注目しながら文献を読む方法を提案し、その効果を確認している。デザイン思考（Brown 2009）における「共感」も、紛れもなく「感情」を活かして問題発見を行うフェイズであろう。さらには、近年の脳神経科学研究でメカニズムが解明されつつある「直感（intuition）」も、生物由来の意識に上らない身体的な反応という意味で、この過程に関連すると考えられる（e.g., Wan et al. 2011）。

　なおこの「感じる」能力は、複眼的な思考とも強く関連し、自らとは異なる様々な人の視点に触れ、触発され、意識的に取り入れたり真似てみたりする経験を積み重ねることで、身についていくと考えられる。

②深める

　続いて、リサーチをしたり、他者との対話をしたりする中で、情報を得て

「深める」段階が位置づけられている。これは、①において感じたことの根拠を広く探索したり、発展させたりするフェイズである。

　意外に思われる人も多いかもしれないが、アーティストは、感じたことや閃いたことをすぐに表現に移すことは決してなく、気になった事象については長い時間をかけて調べたり、考えたりすることをしている。それは、自らの感情が何に起因するのかを突き止める作業であるとともに、その気づきや着眼点の新しさを検証するプロセスにもなっていると考えられる。

　具体的には、文献やインターネットの調査、現地での、あるいは当事者に対するインタビューやフィールドワーク、他者との議論などが挙げられる。アカデミックなリサーチといくらか異なるのは、必ずしも科学的な意味での妥当性に配慮をし、網羅的に調べる必要はないということである。あくまでも、自らの気づきを発展させていく手段としてのリサーチだと言える。

③考える

　①②を踏まえて様々なアイデアを生成するフェイズであり、「発想する」と言い換えてもよい。すなわち、気づきやリサーチの中で深めたことに基づいて、具体的に何ができるか、どのような可能性がありうるかを、この段階で広く探索していく。

　過去の創造性研究で最も焦点を当てられてきた、いわゆる「拡散的思考」（Guilford 1950）や、それを促すブレインストーミング等の発想スキル（Osborn 1963）は、この段階で最も活用されるものと言える。また「発想」に着目した様々な先行研究の中でも指摘されているように、まずはアイデアの量を求め、現実的な制約を緩めてばかばかしい意見も許容したり、あるいは逆に既存の制約を活用したり、アイデアの合成を推奨したりすることが、面白いアイデアを生み出す上では重要になると考えられる（e.g., Finke et al. 1992=1999）。

④価値づける

　③で拡散的に発想したアイデアを評価し、特に面白いものや有用なものを選

択するフェイズである。様々なアイデアの中から一つを絞るという意味では、収束的な思考が中心となる段階と言える。

　過去の認知研究から、領域知識や熟達によって、評価や見立ての妥当性や安定性が高まることが指摘されている（大浦 1996）。それゆえ、この「価値づける」段階において妥当な判断を行うには、その領域に関わる知識や活動経験が必要条件となると考えられる。また、その選択が何をもたらすかを見通すという部分において、ここでも直感が活用されると推測される。

⑤構造化する

　④で価値づけた基準から、個々のアイデアを整理したり、構成を考えたりするフェイズであり、論理的思考が多く用いられる。また、データを眺め直したり、視点を変えてみたりと、ボトムアップ（データ駆動型）とトップダウン（概念駆動型）の処理を行き来する試行錯誤の過程も多く見られるだろう。多くの場合、「価値づける」プロセスと連動して生起し、相互に行ったり来たりを繰り返すと考えられる。

⑥アクション

　⑤によって整理したものを実行するフェイズである。言うまでもなく、領域ごとに異なる領域固有のスキルが求められる。

　なお、上記のサイクルは領域にかかわらず活かされうる、汎用的な創造的思考のスキルと想定されている。ただし、リサーチの能力、拡散的思考や論理的思考が根幹を成す②③⑤の段階は、領域固有の知識や経験を比較的要さない、別の活動にも転移しやすいものと考えられる一方、①④の段階は知識や経験値がより重要になると考えられる。また、どの段階も個人で可能な思考スキルである一方で、チームによる協働は創造を促進する重要な要素となると考えられる。

　ところで、従来の創造性研究の知見のほか、近年ではAppleやIDEOといった、広い意味での「デザイン」を掲げた企業の成功を受け、再び創造性のモデ

ルや育成プログラムが注目されつつある（e.g., Brown 2009）。その中で、この
モデルには少なくとも2つの特徴や利点があると言える。

　一点目に、多くのモデルは企業の商品開発や、広義のデザインに該当する文
脈のものであり、汎用できる活動には制限がある。その点で、特に専門家育成
やビジネス以外の教育場面において、より広い文脈の活動を射程に入れている
このモデルには、大きな利点があると考えられる。

　二点目に、感情や自らの気づきをスタートに位置づけている点が挙げられ
る。このモデルでは、身近な生活の中で、あるいは社会問題などに対峙した際
に、そこで個人が抱いた感覚からアイデアを出発させることを重視している。
それゆえ、ただ新奇なことや突飛なアイデアを希求するためのものではなく、
日常や社会をより面白いものに、あるいはよい方向につくりかえようというモ
チベーションを重視しており、その方向でのアイデアの生成を促すものと言え
る。それぞれの事象に対し、個人が抱いた感覚や違和感を重視するという部分
が、とりわけ「アート」の視点を活かした創造のモデルとなっていると考えら
れる。

3 ｜ 千葉アートネットワーク・プロジェクト（WiCAN）

　本節以降は、千葉大学において展開されている千葉アートネットワーク・プ
ロジェクト（WiCAN）の事例を紹介する。このWiCANは、「アーティストと
の協働」を中核に据えており、2000年に始まった前身の「アートプロジェク
ト検見川送信所」の活動を含めると、総合大学でのアートプロジェクトとして
は最も長い歴史を有したものだと言える。

（1）実践の概要

　千葉アートネットワーク・プロジェクト（WiCAN）の活動は、千葉大学の
教養課程における通年の授業として開講されている科目の受講生と、教育学部

の芸術学研究室の所属学生に加え、千葉市美術館、小・中学校、まちづくりNPOなどによる連携によって進められている。そのためWiCANは、1）大学生に対する教育、2）美術館によるアウトリーチプログラム、3）地域貢献や地域活性、という3つのミッションを有した活動だと言える。

　この活動は、芸術学を専門とする、千葉大学教育学部の神野真吾氏が代表を担い、中心となって展開している。筆者は、千葉大学に在籍した2011年4月から2018年3月までWiCANの副実行委員長を務め、当初は活動のリサーチを行う立場でこの活動に参加し始めたが、次第にマネジメントの役割に重きを置くようになった。

　WiCANに参加する学生数や構成は年度ごとに異なり、10 〜 20名程度の学部生・大学院生が参加している。教養課程の授業として開講されているため、原則的には千葉大学の全学部の学生が履修可能で、単位としても認定される。例年、学部1、2年生が受講生のマジョリティとなる一方で、前年度から引き続いて参加する学生（学部2年生から修士課程の大学院生）も約4分の1から半数近くを占める。複数年にわたってWiCANに参加しているメンバーは、学生の中でリーダー的な役割を果たしている。

　WiCANの活動は、年度を重ねる中でプログラムの軌道修正を繰り返した。その中でも、2012年度に、学生に獲得させたい創造的思考を前節で紹介したようにモデル化し、それを実践のデザイン原則や学習目標として位置づけたことは重要であったと言える（神野・山根・縣 2013）。

（2）活動内容

　WiCANでは表6.1に示すような年間の活動計画を組んでいる。原則的には週に1回定例ミーティングの機会を持ち、その時々に行う活動に関する議論や報告、あるいはリフレクションを実施している。その他、イベントが近くなると不定期にミーティングを設け、企画の議論や準備を行っている。

　下記に、それぞれの活動内容の概略を示す。

表6.1　千葉アートネットワーク・プロジェクト（WiCAN）の年間の活動

活動内容	時期
①ガイダンス・活動の説明・自己紹介	4月
②アートプロジェクトのリサーチ	5月
③ワークショップの体験	5月〜7月
④コミュニティ・カフェの実践	8月
⑤アーティストとの協働による活動	7月〜翌2月
⑥年間の活動をまとめたドキュメント冊子の編集	1月〜3月

①ガイダンス

　授業の年間の展開について、主に前年度の活動内容を参照しながら紹介する。プレゼンテーションは、前年度に参加したメンバーが中心となって行い、自身にとってどのような体験となったかも語ってもらう。その後の初回ミーティングでは、顔合わせとして自己紹介を行い、それぞれが参加しようと思った動機などについて共有を行っている。

②アートプロジェクトのリサーチ

　受講生の多くはアートに対する知識・経験をほとんど持たない。そこで、プロジェクト代表の神野氏がアートの展開に関わる講義を行った上で、各受講生が気になったアートプロジェクトをインターネット等で調べ、共有を行っている。併せて、休日を利用し、関東近郊のアート施設やプロジェクト現場を訪問し、関係者から話を伺う日も設けている。

③ワークショップ体験授業

　地域に出て活動を行う前に、まずは受講生自身にアートによって新しい視点が開かれるような体験をしてもらうことに加え、先述した創造的思考のサイクルを理解させることを目的に、4名（2012年までは3名）のクリエイターを招いたワークショップを実施している。詳しくは次節で紹介する。

④コミュニティ・カフェの実践

　ワークショップから学んだことを最初に活かしていく場として、千葉市内の市民ギャラリーにおいて、2・3日間限定のコミュニティ・カフェを実践している。基本的な部分は毎年度踏襲しているが、年度ごとに空間デザイン、メニュー、仕掛けなどについて、ワークショップの経験を活かしながら新たなアイデアの検討も行う。

⑤アーティストとの協働によるプロジェクト

　WiCANのメインとなる活動である。協働を行うアーティストは、その年の学生の興味・志向や前年度の反省などを踏まえて検討し、最終的には神野氏が決定・依頼を行っている。筆者が関わった年度の活動について、表6.2に示す。

　表からも分かる通り、活動内容は年度によって大きく異なり、必ずしも狭義のアート（美術）に含まれるものだけではない。また、アーティストと学生の協働の形態も年度によって様々である。すなわち、教員が主導でプロジェクトを進め、アーティストにはアドバイザーやゲストのような立場で関わってもらった年度もあれば、全体をアーティストとの協働によって行った年度もある。このうちの2013年の活動を、第5節で取り上げる。

⑥年間ドキュメントの編集

　毎年度、年間の活動全体をリフレクションし、ドキュメント冊子を編集・発行している。基本的には学生がデザイン・編集までを行う。

　このように、WiCANは年間に様々な活動を行うが、その中に、アーティストやクリエイターとの協働の機会は2種類含まれている。すなわち、一つは、③ワークショップ体験授業であり、もう一つはメインの活動となる⑤アーティストとの協働によるプロジェクトである。第4節と第5節では、この2つの活動を取り上げて紹介するとともに、それぞれが学生にとってどのような体験となっているかを検討する。

表6.2　2011～2017年度のアーティストとの協働によるプロジェクトの概要

	プロジェクト名	協働アーティスト	概要
2011年度	アートからはじめる学校プロジェクト	曽我部昌史（建築家）	2010年度からの継続のプロジェクト。前年度は、学校の空き教室に関わるリサーチを中心とした活動を展開したが、2011年度は「実践編」として、1つの小学校のランチルームについて、自分たちで実際に作りかえる活動を行った。
2012年度	プロジェクトルーム・リノベーション・プロジェクト	住中浩史（アーティスト）	千葉市美術館1階にある「プロジェクトルーム」の活用法を考え、リノベーションを行うプロジェクト。その場所でどのようなことを引き起こしたいかをオープンに議論した後、新しい活動を促すような家具を作る活動を実際に行った。
	鑑賞プロジェクト		千葉市美術館の「須田悦弘展」を訪れる小・中学生に対し、鑑賞教育プログラムの企画・実施・評価を行う活動。美術館での作品鑑賞とともに、事前・事後に学校で行う授業のデザインも行った。
2013年度	アート×教育＝？	岡田裕子（アーティスト）山本高之（アーティスト）	岡田班・山本班の2グループに分かれて、それぞれ「教育」をテーマにした作品を制作し、最終的には千葉市美術館で展示を行った。岡田班は現代の教育問題を批判的に取り上げた映像作品を制作。山本班は陸前高田市の「奇跡の一本松」に関わるリサーチを中心とした活動を展開した。
2014年度	つながる装置、仕組みをかんがえる	住中浩史（アーティスト）	少子高齢化が進む地域の中で、人と人との交流を引き起こすことを目的にした「装置」（＝屋台）と、それを使った「仕組み」（＝活動やイベント）を考え、生み出すプロジェクト。人と人とがどのようにすれば自然な形でつながるかをイメージしながら、様々な木製屋台を制作し、それらを用いて地域の中で活動を展開した。
2015年度	つながる装置、仕組みをかんがえる		前年度から引き続き、地域コミュニティの中で屋台を用いた活動を展開するプロジェクト。2015年度はUR都市機構と連携し、千葉市美浜区にある団地の集会所を拠点にした取り組みを行った。
	ファンタスマゴリア	原倫太郎＋原游（アーティスト）	千葉の過去・現在・未来を映す「影」を収集し、それらを素材として用いた作品展示を千葉市美術館で行った。影の収集に際しては、団地や小学校において、複数回ワークショップを開催した。
2016年度	日常の感度を問う	杉田協士（映画監督）	杉田氏による「映画制作」に関わるワークショップを複数回体験した上で、各メンバーが、魅力的だと感じる身近な場所に通って撮影を重ね、杉田氏による編集を経て、1つの映像作品を制作した。
2017年度	自分の枠をはみ出てみよう	関美能留（舞台演出家）粟津裕介（舞台音楽家）	市民を対象にした、普段とは異なる視点を持つことができるようなワークショップを複数回開催した。その上で、「アートを祝う『わたし』を演じる」と題した、一風変わったことが引き起こされる、パーティー形式のイベントを開催した。

　なおその際は、特に2013年のプロジェクト「アート×教育＝？」を取り上げる。この年度の活動を事例として取り上げるのには、大きく2つの理由がある。一つは、このプロジェクトが、筆者が在籍していた中でもアーティストが主導する割合が高く、それゆえにアートのユニークな特色や、アーティストとの協働のポテンシャルを最も活かしたものだと考えられたためである。そしてもう一つは、筆者がこの年度の受講生の学習や体験の中身に関して、継続的に調査を行っていたという理由が挙げられる。第4節と第5節では、それらを参

照しながら、参加した学生たちの体験や学びの中身についても取り上げる。

4 ワークショップ体験授業

　本節では、WiCANの活動の中でも早い時期に実施している、クリエイターによるワークショップの体験授業の詳細と、そこでの学生の体験内容を紹介する。

（1）ワークショップ体験授業のねらいと活動内容
　先述した通り、WiCANで実施しているワークショップ体験授業は大きく2つのことをねらいとしている。一つは、アートによって新しい視野が開かれる、その面白さを体験してもらうことであり、もう一つは、第2節で紹介した創造的思考のサイクルを意識しながら、実際に新しい発想を行う練習をしてもらうということである。
　ワークショップやアートプロジェクトが全国的に盛んになったとはいえ、アーティストと実際に関わるような活動に参加したことのある学生は、ほんの一握りである。また、様々な学部の学生が参加する教養教育の授業であるため、そもそも美術館への来訪経験をほとんど持たない学生も少なくない。そのため、自らが主体となって地域でアートの実践を行う前に、アートの発想に触れられるようなワークショップを体験する機会を、授業の序盤に設けている。
　ワークショップ体験授業は、第2節で紹介したサイクルを構築する以前は、年度ごとに異なるアーティストやデザイナーの協力を得て行われていたが、先の創造的思考のモデルを明確化させた後は、講師を固定し、複数のワークショップのバッテリーを組んで展開するようになった。それにより、サイクルの各段階を体験させるとともに、多様な領域や場面にこの思考が活かせることを実感させることを狙っている。なお、1つのワークショップは4～5時間かけて行われ、学生には少なくとも2つは出席するよう求めている。

以下に、筆者の在籍時に実施された、計4種類のワークショップを紹介する

①「食」に関わるワークショップ

　フードデザイナーとして、食を介しての多様なコミュニケーションを引き起こす活動をしている中山晴奈氏を招いたワークショップである。このワークショップでは、食体験が「美味しさ」や「栄養素」といった要素だけではなく、「誰と」「どのような状況で」といった、社会的・環境的な要素も強く影響していることを確認する。その上で、新しい駄菓子のデザインについて、その構成要素や分類を意識しながら発想し、プロトタイプの作成・プレゼンテーションまでを行うワークを実施する。食を取り巻く様々な視点を意識した上で、デザインの一連の過程を体験するワークショップだと言える。

②「音楽」に関わるワークショップ

　舞台音楽家の粟津裕介氏による、普段何気なく発している言葉の中に、メロディやリズムが含まれていることを認識し、それらを組み合わせることで作曲を行うワークショップである。ともすれば美術以上に「知識や技術が必要」というイメージが定着している作曲をより身近に感じさせるワークショップだと言える。グループごとに自由にアイデアを出し合い、試行錯誤を重ねながら作曲は行われ、最後は合奏の楽しさも体験できるワークショップである。

③「デザイン」に関わるワークショップ

　プロダクトデザイナーの石田和人氏を招いたワークショップである。各グループを「架空のデザイン事務所」と見立て、いくらか非現実的な要素、あるいは「無茶ぶり」を含んだデザインの依頼がそれぞれに届く。各グループは、条件を満たす道具等のデザインについて、常識的な思考の枠組みを外しながら考え、提案することが求められる。デザインの過程では、新しい発想を行うための様々な発想技法が石田氏より紹介され、学生たちには、より面白く、新しいアイデアの生成が要求される。

④「演劇」に関わるワークショップ

市民劇団の演出を行うことも多い、舞台演出家の関美能留氏によるワークショップが、2013年度から新たに加えられた。ワークショップの内容は年度ごとに異なるが、演出の違いによって与える印象が大きく変化することを認識できるワークや、即興的に反応・判断し、表現を行うことが求められるワークなど、演技や演出に関わるワークが複数組み合わせて実施された。

（2）ワークショップ授業の中での学びと課題

上記のワークショップは、学生にとってどのような学びの機会となっていただろうか。特に、創造的思考の各段階を体験してもらい、その後の活動を行う上での下地を作るという部分で、有効に機能していたであろうか。

2013年度は、約20名（うち、前年度からの継続が5名）の学生がWiCANの活動に参加し、このうち、ワークショップにはそれぞれ15名程度が参加した。

参加した学生には、3つのワークショップ終了後に、体験を振り返ってもらう質問紙に記入してもらった（演劇ワークショップは他とは離れた時期に開催したために、質問紙調査を未実施）。ここでは、それらの回答の分析から、学生の体験内容を検討したい。

はじめに、それぞれのワークショップ後に実施した質問紙における、学生が残した「特に学んだと思うこと、気づいたこと」に関わる自由記述の回答について、表6.3のようなカテゴリを作成した。カテゴリは、創造的思考の各段階に関わるものに加え、創造や表現、並びに、協働への態度に関わるものを作成した。その上で、各学生がそれぞれの分類に関わる回答を残しているか（＝自覚的に「学んだ」と感じていたかどうか）をコーディングしていった。その結果、それぞれのワークショップの中で学生が特に体験していたことは、表6.3右のようにまとめられた。

表を見て分かる通り、学生にとって最もインパクトが大きかったのは、「感じる」並びに「考える」の部分であったと言える。以下に、「感じる」に関わ

表6.3　ワークショップ授業の中での学生の体験

カテゴリ名	定義	①食 （中山WS）	②音楽 （粟津WS）	③デザイン （石田WS）
感じる	日常や社会を眺める新しい視点の獲得	◎	◎	◎
深める	情報の検索や聞き取りなどを通したリサーチ			
考える	アイデアの拡散的な生成や、様々な可能性の探索	◎		◎
価値づけ・構造化	アイデアに優先順位をつけて評価し、整理	○		▲
アクション	表現技法に関わる気づきや、制約の緩和		◎	
表現・創造する面白さ	表現や創造に関わる、ポジティブな感情体験	○	◎	
協働の面白さ	人による捉え方の違いの実感、その重要性や面白さの認識	○	○	◎

◎：半数以上が回答　○：複数名が回答　▲：複数名が課題と回答

る回答例を挙げる。

　アーティストの方と交流しながらのワークショップは初めてでしたが、朝来た時とワークショップ後では、世界の見え方が全く変わったと言っても過言ではありません。"食"は日常生活ではあまりに身近で、味覚的なこと以外で何かを感じるべきところがあるという感覚がありませんでした。（①食WS・Kさん）

　食べ物と人との関係性、食べ物と地域の関係性、その地域でしかできないことや、対象になる人にとって一番良いと思うことを食という面から考えるのはとても面白かった。食とアートは結び付けて考えたことがなかった私にとって、新しい視点が生まれたと思う。自分の中の価値観を大きく変えられた。（①食WS・Iさん）

　普段何気なく作っていた言葉の意外なつながり（言葉の響き、イントネーション、リズムなど）が発見でき、単純に面白かった。身近なものを別の視点で、という例を体感した気がした。また作曲することはとても難しく、複雑なことだと思っていたが、身近な言葉を使って楽しみながらできることに驚きを感じた。（②

音楽WS・Gさん）

日常にあるデザインの良い面だけでなく、悪い面に目を向ける視点を養えたこと
は、とても大きな意義があるように思いましたし、今後生活していく上であらゆ
ることの"気づき"にもつながると思いました。このように常に疑問を持つこと
は、無意識の意識化にもつながり、自分自身の世界観の変容につながると思いま
した。（③デザインWS・Hさん）

　上記の回答から分かるように、いずれのワークショップも、それまで意識し
たことがなかった新しい視点が与えられるものであったことが分かる。それら
が、日常を普段とは異なる角度から眺め、面白さや違和感を抱くための一つの
引き出しとして、学生の中に定着することが期待される。
　もう一つ、多くの学生が学びを実感していた側面として、アイデアの生成や
発想に関わる「考える」に分類された回答例を以下に示す。

様々な条件の中でメンバーと一緒に新しいものを作ることの難しさと面白さを感
じました。要素を分解して、そこから新しいものをつくりだすという方法は、あ
らゆる場面で応用できると思いました。また一生懸命考えたものも、共有の場に
出されたとたん、別の角度から様々な指摘がされたり別なアイデアが付け加えら
れたりして、多くの見方にさらされることは本当に重要で有意義なことだという
ことを実感しました。（①食WS・Sさん）

学校の授業などでは暗黙の了解でまじめなアイデアばかり出さなければならない
ことが多かったので、突拍子もないことも歓迎されるというのはすごく新鮮だっ
た。しかし、そんな全く無関係なアイデアが、実は解決の糸口になることもある
というのを学んだ。（③デザインWS・Iさん）

石田さんが教えてくださった思考のストレッチの方法はすごいなあと思った。考

186

えている物事とは全く異なるものを結びつけてみたり、擬人化してみたりすることで、固定概念にはとらわれず、たくさんのアイデアが出てきたからだ。考えが行き詰った時には、今回のことを参考にして新しい視点で考えたい。（③デザインWS・Nさん）

　いずれの回答からも、新しい「発想」のための方法について、ヒントを与えられていたことが推察される。同時に、他者との協働の要素がそこに及ぼす効果についても実感できていたようである。ただ逆に言えば、多くの学生が、それまで新しいものを生み出すことを目的とした、創造活動を経験していなかったということでもある。したがって、プロジェクト型の活動を行う準備として、グループで発想を行い、思考スキルを身に付けられるような機会を用意しておくことの重要性が指摘されるだろう。

　他方で表6.3からは、学びの成果として「深める」ならびに「価値づけ・構造化」の段階について語った学生が限られていたことも分かる。「深める」段階に関しては、リサーチにはある程度長い時間を費やす必要があるため、時間の限られたワークショップの中で行うのは難しい部分もある。ワークショップ体験授業ではなく、他の機会に気づきを深めていくプロセスを経験させることが現実的かもしれない。

　「価値づけ・構造化」は、例年学生たちが苦労する部分である。学生たちは、グループでの活動の中で拡散的にアイデアを生成することはできる一方で、様々な条件を考慮に入れ、またそれぞれのアイデアの発展可能性を見通して、一つに絞ったり、組み合わせて整理したりする部分で、躓いてしまうことが多い。これは領域知識が前提となる、アイデアを評価することの難しさを反映したものと考えられる。

　上記のような部分で、学生たちは「難しさ」も感じていたようであるが、それでもいずれのワークショップともに、自分たちが創造や表現を行うことに対してポジティブな感情をもたらすものであったことを強調しておきたい。

音楽に関しては自分は受け取る立場であって、作ったり提供したりする側ではなかったことに改めて気づかされた。しかしこの活動をする中で、大げさに聞こえるかもしれないが「自分たちでもある程度できるじゃないか、楽しいじゃないか」や「自分も楽器で演奏してみたい」というような、音楽を作ることに対して前向きな思いを持つことができた。（②音楽WS・Tさん）

石田さんは決して人の案を否定せず、肯定してくれるため案が出しやすかった。話し合いをする上で、このような話しやすい空気を出すことが大切だと思った。常に疑問を持ってみること、違う側面から見るとどうかを考えるという石田さんの言葉が印象に残ったので、実践してみようと思う。（③デザインWS・Nさん）

5 ┃ アーティストとの協働によるプロジェクト

　本節では、アーティストと大学生の協働によるプロジェクトの過程について、2013年のプロジェクト「アート×教育＝？」を例に紹介する。なお本プロジェクトのより詳細な過程は、この年度のWiCANのドキュメント冊子（神野・山根・縣 2014）を参照されたい。

(1)「アート×教育＝？」プロジェクト概要

　2013年の「アート×教育＝？」プロジェクトは、アーティストの岡田裕子氏、山本高之氏の両名を招いて行われた。両者ともに、WiCANとはそれ以前から関わりがあったことに加え、テーマとする教育の問題について明確な考えを持っていること、またワークショップやプロジェクト型の活動経験が豊富であり、それらの中では「参加者に体験させたいこと」を明確に意識している作家であることなどから、ほぼ両者にプランを委ねるかたちでプロジェクトは展開した。

　このプロジェクトでは「アート×教育＝？」というテーマのもと、約20名

の学生が岡田班、山本班の2グループに分かれ、それぞれ活動を展開する形態がとられた。開始当初は、岡田氏は「学校」をテーマにした作品を制作すること、他方の山本氏は「奇跡の一本松」のリサーチを中核とした活動を行うことを決めていたが、具体的なプランは学生とのやり取りの中で定まっていくことになる。なお最終的には、千葉市美術館において両班合同の展示を行うことが決められていた。以下より、2つのプロジェクトの活動の展開を記述する。

(2) 岡田プロジェクトの展開

　岡田氏はまず学生たちとのミーティングの中で、「学校」の中での経験や、違和感を抱いた事柄について、フラットな関係性の中で丁寧に共有することから始めた。岡田氏によって、その場がどのような意見でも受け入れられる、またごく個人的な視点でも歓迎される雰囲気が作られたため、学生たちはそれまで積極的には口外していていなかった過去の経験も率直に語った。それらは、学生時代の友人関係や親子関係、教師の違和感のあった指導のあり方、学校の規則に関わることなど、様々なトピックに及んだ。また、自らの経験した学校生活を「普通」と捉えていたが、全体で共有するうちに、実はそれが特殊であることに気づくような過程も見られた。

　岡田氏はそのようなやり取りを重ねる中で、学生それぞれのキャラクターや私的なこだわりを読み取り、それらをうまく活かすことのできる作品のあり方を探った。やがて岡田氏は、個々の学生の発想を用いることができ、かつ、全体を統合できるものとして、「オムニバスの教育番組」という枠組みを着想する。すなわち、子ども向けの教育番組によく見られるように、全体として共通したテーマがありつつも、トピックの異なる数分の短い小コーナーの連なりによって、一つの映像作品を制作するというアイデアである。この方向性が固まると、まずは岡田班全体で「内申書」に関わる体験を持ち寄り、それをテーマにした映像を1本制作した。

　その経験を経た後は、学生2人ずつがペアになって、それぞれがテーマとする教育問題を深めて考えること、またそこから発想し、番組案を生み出すこと

が課された。自らの経験に基づきながらも、多くの人に共有可能な問題意識を設定し、かつ、それらを鑑賞者に効果的に伝達できるような表現を考えていくことが強いられたのである。岡田氏は、学生が提案したアイデアは尊重し、誉めつつ、より膨らませるようなフィードバックを行った。

番組案についてGOサインが出た後、何とか全てのペアが映像を撮り終える。ただし、いずれの学生も映像制作はほぼ初めての経験であったため、この段階のものは、どれも作品としては面白みに欠けるものであった。しかし、それは岡田氏の中でも織り込み済みであったのであろう。それらの映像は岡田氏による編集によって、見違えるものに姿を変えた。岡田氏は、学生が作り上げたものを編集する中で、それぞれの映像にエッジを利かせ、振れ幅を大きくし、それによって見た者の感情に揺さぶりをかける作品へと引っ張り上げたのである。

最終的に、《NIPPONえでゅけーしょんTV》と題した、スクールカーストや図工教育の題材、画一化の問題に関わるものなど、計5つのコーナーから成るオムニバスの教育番組が出来上がった。展示に際しては、映像作品に組み合わせるかたちで、教育問題を表現した巨大なインスタレーションのオブジェも制作された。

(3) 山本プロジェクトの展開

対して山本班のプロジェクトは、協働の開始前から山本氏自身によって、「奇跡の一本松」を題材にすること、そして学生には何よりも「リサーチを行うこと」を求めることが予め決められていた。それゆえに学生たちは、言わば「お題を与えられる」かたちで活動に着手することになった。

奇跡の一本松とは、2011年3月11日の東日本大震災で襲来した津波によって、広大な松原が陸前高田の街もろとも全て流されてしまった中、一本だけ津波に耐えて立ち続けた松である。当時この松が多くの人に勇気や希望を与えたと、メディア等では繰り返し放映された。しかしその一本松も、根が海水に浸かってしまったため、2011年12月ごろには枯死してしまう。枯死が判明した

後、一本松をどうするかは議論となったが、寄付を募った上で1億5,000万円
程度を費やし、幹にはカーボンの芯を通し、防腐・樹脂加工をして、ある種サ
イボーグ化してモニュメントとして保存するという案が採用された。このプロ
ジェクトは、奇跡の一本松や、そこに関わった人に対するリサーチを通して、
どのような経緯、あるいはどのような人々の意図や議論によって一本松がモニ
ュメント化されるに至ったのかを明らかにしていこうという試みである。

　山本氏と学生らは、リサーチの方向性や成果を共有するため、月に1度程度
のペースでミーティングを行うことで進捗を共有した。山本氏は学生たちが好
き勝手、思い思いの方向にリサーチを深めていくことを期待した。しかし学生
たちは、主要な関係者／団体にインターネットや電話で調べることを行った後
は、あまりリサーチを発展させることはできなかった。

　その中で9月、陸前高田に赴いて一本松を実際に目にするとともに関係者に
話を伺っていく、2日間の現地リサーチを決行する。そこで学生たちが体験し
たことは、「予断が揺らぐ」ということであった（神野・縣 2014）。もともと
はインターネット上での大半の意見と同じく、1億5,000万円を費やしてサイ
ボーグ化するというプランを馬鹿げたものだと学生たちは考えていた。それが
関係者にインタビューを行ううち、一本松をモニュメント化するという意見に
も理があり、それゆえに「何が正しいのか分からなくなる」という体験をした
わけである。

　プロジェクトは当初、リサーチの成果をそのまま展示というかたちに落とし
込むことが予定されていたが、このプロジェクトが「教育」をテーマにしたも
のであるということ、また参加学生の多くが教育学部所属だったことを踏ま
え、この一連のリサーチを受けての一つの表現として、小学生に対して授業を
行うことが神野氏より提案される。すなわち、自分たちが体験した「何が正し
いのか分からなくなる」という感覚を、授業というフォーマットの中で児童に
体感させることが、学生たちに新たな課題として課されたのである。そこで次
のステップとして、教育目標や授業案を設定した上で、小学校の教員とも議論
を重ね、児童に向けた図画工作の授業として、一本松を題材にした実践を行っ

191

た。そして最後に、リサーチと授業の記録を合わせて、岡田プロジェクトと合同の展示を行った。

（4）アーティストと学生の協働の形態

　このように、「アーティストと学生の協働」と一口に言っても、岡田氏と山本氏は相互に異なる協働の形態を採用した。

　岡田氏は、教育に関わる問題意識を深めていくと同時に、映像でそれらを表現する方法を考え、実際に撮影することまでを学生たちに委ねた。アート作品や映像の制作について経験のある学生はいなかったため、どのペアも悩み、苦しみながら進めることになった。その過程において、岡田氏は学生の発想や表現を基本的に受容した。岡田氏から方向性を強制することもなく、学生が迷っていた際には、「提案」というかたちでアドバイスを送った。

　以下は、プロジェクト終了後に個別に実施したインタビューにおいて、特に「岡田氏とのやり取りの中で印象に残っていること」について、学生が語ったことである。

　　何かを見せても、「ああ、いいんじゃない」とか「面白いと思うよ」という感じ
　　で、全体的にお任せしているから、好きなようにやってくださいという感じを受
　　けていた。でも、最終的にはどういうことを伝えたいのかというのを把握した上
　　で、まとめて編集をされていて、そこが印象に残っています。（岡田班・Nさん）

　ただし、その中で岡田氏から提示されるアドバイスの「面白さ」「鋭さ」は、学生の中で強く印象に残っていたようである。

　　（岡田氏は）「こうしたらいいじゃん」って結構適当に言っている感じもするんで
　　すけど、「おお、なるほど」みたいな視点が含まれている。日常的な発想が面白い
　　というか。「こうしたら」っていう提案が面白いのと、拾ってくれる感じが上手だ
　　なと思って、すごいなと（笑）。（岡田班・Mさん）

一人で悶々と考えても答えがないのに、岡田さんはぱっと出す。「これがいいんじゃない」とぱっと言われたのが、「ああ、確かに」「どうして気づかなかったんだろう」と思うことが結構あった。（岡田班・Ｙさん）

対して、山本氏との協働の過程では、何よりも粛々とリサーチを行っていくことが要求された。ただし、リサーチの中身に関しては、山本氏から学生への指示はあまりなく、どのような方向でも、自分たちが気になったことは徹底的に調べていくことを求めた。また、山本氏から学生に「意味づけ」を与えることもほとんどなく、基本的には自分が自らの感情に向き合い、考えることを強いた。下記は、山本班の学生の語りである。

山本さんは今思うと、学生が主体的になって関わって、その中で学びを得るということをずっと考えていたのかというふうに思いますね。学生の前では、「意地でも答えを言ってたまるか」というスタンスでいるというのは感じました。（中略）山本さんの中では確固たるものがあったのかもしれないですけど、（学生から尋ねられた際は）「どうなんだろうね」ってちょっとぼやかして、やっぱりそこでも「お前一回自分で考えろよ」って言われているような気がしましたね。（山本班・Ｔさん）

なお山本氏は、子どもに対してワークショップを行い、その成果を撮影・作品化するという形態の活動を多く行っているが、このプロジェクトの中でも、それらの作品制作の中で用いている構造をそのまま踏襲していたと言える。すなわち、大枠は山本氏が設定し、参加者にはその枠の中で何かしらの思考やアクションが求められる。その意味で山本氏は、今回のプロジェクトの中で、「普段小学生に対して行っていることを大学生バージョンにして実施した」と解釈することができるだろう。

なお岡田氏は最後の編集によって自身の作品として成立させたが、山本氏の

プロジェクトの場合、それをアートの作品たらしめているのは、山本氏が設定した構造の中にあると言える。すなわち学生たちが行った活動やリサーチとは別のレイヤーで、確固としたコンセプトがこのプロジェクトには構築されており、そのために学生のリサーチも作品制作の中に位置づけられるのである。

　このように、2人のアーティストが設定した「学生との関わり方」は大きく異なるが、両名とも、プロジェクトの中で学生に体験させたい教育的な意図を明確に持っていたと言うことができる。そこからは、両者が持つ「アート観」を読み取ることもできる。すなわち、岡田氏は、「社会に対して自分が主観的に抱く疑問や違和感に向き合い、それを発展させ、アウトプットする行為や手段」をアートの本質的な側面として重視し、学生にはそのプロセスを経験させようとしたと言える。対して山本氏は「よく分からない現象に対峙し、自らの知識や経験を全て使って読み取ろうとすること」こそがアートの特色だと位置づけており、今回のプロジェクトでも、学生にそれを体験させようと追い込んだ。

　このような両プロジェクトの過程を、図6.2の創造的思考のサイクルに当てはめて考えてみよう。岡田班の学生たちは、教育や学校の問題について「感じる」ことから出発し、「深める」「考える」ことまでを幾度も繰り返した上で、撮影という「アクション」まで行ってみることを経験した。対して山本班は、奇跡の一本松を取り巻く問題について「感じる」と「深める」、そしてその解釈や意味づけを思案するという意味での「考える」の間を幾度も反復するような過程であったと言える。

　したがって、岡田班・山本班とも、ある意味で学生の体験の焦点は「感じる」「深める」「考える」の部分にあったと考えられる。ゲッツェルズら（Getzels et al. 1976）は、アート領域における「問題発見」の過程の重要さを指摘している。現代アーティストへのケーススタディを行った高木・岡田・横地（2013）は、そのような問題発見の実際の過程を描き出しているが、アーティストによるユニークな着想の本質は、日常や社会の問題等を通じて触発されたことについて、時間をかけてリサーチし、その中で意味づけをし、表現のか

194

たちを考えていく過程にあると考えられる。2013年のプロジェクトで招いた両名のアーティストは、それぞれの方法で、そのような問題発見のプロセスを体験させたと言えるだろう。終了後の参加学生に対するインタビューの中でも、リサーチの中で深め、その中で意味づけや表現方法を考えていく過程は、プロジェクトの中で最も苦しんだ、しかし密度の濃い体験として聞くことができた。

　なお、学生たちがアーティストとの協働の過程から得た学びとしては、他にも多様なものが報告された。例えば、アートや教育に対する捉え方の変化や、表現者に対する気づき、自らの課題を認識できたというものなど様々であった。その一部を紹介しておきたい。

　ずっと考えていないとミーティングの場で意見が言えないというのがあって、思いを巡らせていろいろな角度から考えていないといけないなと思った。（岡田班・Gさん）

　（アーティストは）考えをすごい持っている感じ。人よりも何がやりたいというのが明確で、たぶん色々な情報を世の中から集めて、ちゃんと問題意識を持っているからできるんだと思うんですけど。問題意識と情報を持ってないとダメだなと思いました。（山本班・Kさん）

　アートとして、作品として出すときに、こういう思考回路で作られているんだなというのを間近で見られたので、今後芸術作品を見るときの見方が増えたかなという気がします。（山本班・Sさん）

　子どもに対する教育的な視点はガラッと変わった。（中略）子どもに「教えるに足ること」とは何かということが、とても重いものになった。（山本班・Tさん）

6 アーティストからの学びの機会をより有意義なものにするために

　本章では、総合大学の教養教育における、アーティストとの協働を機軸に据えた学びの可能性と、その実践デザインの例を示した。冒頭でも述べたように、アーティストとの協働の機会、あるいはアートプロジェクトは、創造的な思考を身に付けていく上での極めて有益な学びの場となる。そのユニークな着眼点や、感覚的な気づきや違和感から出発し、表現へと至る一連の過程について知り、体験することは、アートを専門にするわけではない学生にとっても、その後の様々な局面で活きるものになると考えられる。ただし、ただアーティストと協働をするだけではそれは達成されず、事前の準備、相応しいアーティストや活動内容の選定（キュレーション）、そして、協働の過程のマネジメントに至るまで、丁寧な実践のデザインが重要になる。

　もちろん、本章で紹介したWiCANの活動にも、課題は少なくない。一つには、「深める」部分の支援が不十分であったことが挙げられる。岡田班の学生は、教育に関わる問題意識を十分に咀嚼できたとは言い難かった。また山本班は、初歩的な段階であまりに時間を要しすぎ、かつ、自分たちで盛り上がって（いい意味で暴走して）リサーチを発展させることができなかった。いずれも、リサーチがよりうまく展開していれば、学生がアーティストにより刺激や驚きを与えられた可能性もあり、作品に含まれる批評性もより深まっていたであろう。ワークショップ体験授業の中でも、「深める」段階を十分に経験させられなかったことを述べたが、自らの気づきを省察し、表現へとつなげていく方法について、事前に学生に学習させておく意義は大きいかもしれない。

　また、アーティストから学んだ視点やアプローチを、学生の日常に橋渡しする実践の工夫が不足している。この授業に期待される一番の成果は、学生それぞれが、その後日常生活、職業生活、あるいは社会生活で対峙した様々な問題状況において、授業の経験を活かし、創造的な眼差しを持って解決していけるということである。もちろん、その直接的な検証をしたわけではないが、そこ

までのインパクトをもたらすような実践になっているとは推測しづらい。それを一つの授業の中で達成するのは極めて難しいが、活動の体験がその後に活きるかたちで定着するよう、実践のデザインを絶えず精緻化していく必要がある。

　最後に、学生・教員双方にとって、コストがかかりすぎるという授業の課題を指摘しておきたい。学生たちは他の授業と比べ、非常に多くの時間を本プロジェクトに割いていたと言える。本実践は、アーティストとの協働による学びを、「フルスペック」に近いかたちで体験させるものと言えるが、多くの時間を費やせば費やすほど学びの成果が大きいのは当然である。しかし、それでは授業を履修できる学生が、比較的時間に余裕のある者だけに限られてしまう。そのため、本質的な部分を残しながら、活動内容をできる限り削ぎ落としたあり方を探るべきかもしれない。

　なお、本章では参加者に対する教育的な側面に着目して、アーティストとの協働の有意義なあり方を考察してきたが、美術館の予算を用い、市民や地域を巻き込んだプロジェクトであるからには、その活動の評価を参加した学生の教育効果のみから行うのでは不十分である。その時々の活動の目的に応じ、アートの批評に耐える新しい作品を制作するのか、コミュニティを活性化するのかといった検証の視点も必要となる。たとえ参加者の学習が充実したものであったとしても、アーティストや地域にとっても意味あるものでなければ、教育の名の下に、関わった他者や地域を搾取していることになってしまう。第1節で述べたように、それぞれを両立させることが、社会におけるアートプロジェクトには不可欠である。

　2013年度の活動は、当時森美術館のキュレーターであった荒木夏実氏より、作品の質に関しても高く評価されており（神野・山根・縣 2014: 52）、岡田班の作品は、後に2015年の東京都現代美術館「おとなもこどもも考える：ここはだれの場所？」展でも展示された。WiCANにおいては、連携を行うアーティスト自身に加え、過去に美術館学芸員として勤めていた神野氏が、アートとしての質の部分を担保する役割を果たしていると言えるが、社会のフィー

ルドに出た教育活動には、学生に対する教育的な視点のみならず、それぞれの内容に対応した別の専門性、あるいは広い視野が求められると考えられる。

謝辞

実践の代表者であり、共同研究者である千葉大学の神野真吾氏、プロジェクトに関わっていただいた、岡田裕子氏、山本高之氏、中山晴奈氏、粟津裕介氏、石田和人氏、関美能留氏ほか多くのアーティストやクリエイターの皆様、そして、ほとんどはもう社会人になっている、当時の受講生の皆様に感謝の意を表したい。

参考文献・資料

縣拓充（2017）「熟達化と10年ルール」、人工知能学会編『新版 人工知能学事典』共立出版、pp.175-176.

縣拓充・神野真吾（2015）「総合大学におけるアートを通じた創造的な思考のトレーニング」、『日本認知科学会第32回大会』、pp.930-934.

縣拓充・岡田猛（2013）「創造の主体者としての市民を育む：『創造的教養』を育成する意義とその方法」、『認知科学』第20巻、p.27-45.

Amabile, T. M.（1983）*The Social Psychology of Creativity*, New York: Springer.

Amabile, T. M., 須田敏子訳（1999）「あなたは組織の創造性を殺していないか」、『Diamondハーバード・ビジネス』第24巻第3号、130-143.

Brown, T.（2009）*Change by Design: How Design Thinking Transforms Organizations and Inspires Innovation*, New York: Harper Business.

Damasio, A.（1994）*Descartes' Error: Emotion, Reason and the Human Brain*, New York: G.P. Putnum's Sons.（=2010, 田中三彦訳『デカルトの誤り：情動、理性、人間の脳』筑摩書房.）

Dunbar, K.（1995）"How scientists really reason: Scientific reasoning in real-world laboratories", R. J. Sternberg, & J. E. Davidson Eds., *The nature of insight*, Cambridge, MA: MIT Press, pp.365-395.

Finke, R. A., Ward, T. B., and Smith, S. M.（1992）*Creative Cognition: Theory, Research, and Applications*, Cambridge, MA: MIT Press.（=1999, 小橋康章訳『創造的認知：実験で探るクリエイティブな発想のメカニズム』森北出版.）

Florida, R.（2003）*The rise of the creative class: And how it's transforming work, leisure, community and everyday life*, New York: Basic Books.（=2008, 井口典夫

訳『クリエイティブ資本論：新たな経済階級の台頭』ダイヤモンド社.)

降旗千賀子（2000）「美術館の教育普及活動」, 小原巖編,『博物館展示・教育論』樹村房, pp.148-163.

Getzels, J. W., and Csikszentmihalyi, M.（1976）*The Creative vision: A longitudinal study of problem finding in art*, New York: Wiley.

Guilford, J. P.（1950）"Creativity", *American Psychologist*, 5, pp.444-454.

Helguera, P.（2011）*Education for Socially Engaged Art: A Materials and Techniques Handbook*, Bethesda, MD: Jorge Pinto Books.（=2015, アート＆ソサイエティ研究センター　SEA研究会訳『ソーシャリー・エンゲイジド・アート入門：アートが社会と深く関わるための10のポイント』フィルムアート社.)

本田洋一（2016）『アートの力と地域イノベーション：芸術系大学と市民の創造的協働』水曜社.

神野真吾（2017）「アート／美術のプロジェクト：可塑的創造性の学び」,『造形ジャーナル』vol. 62-1, pp. 3-5.

神野真吾・縣拓充（2014）「大学における"普通教育"としてのアート・エデュケーション：千葉アートネットワーク・プロジェクトを事例として」,『第36回美術科教育学会奈良大会』.

神野真吾・山根佳奈・縣拓充（2012）『WiCAN2011 Document』千葉アートネットワーク・プロジェクト.

神野真吾・山根佳奈・縣拓充（2013）『WiCAN2012 Document』千葉アートネットワーク・プロジェクト.

神野真吾・山根佳奈・縣拓充（2014）『WiCAN2013 Document』千葉アートネットワーク・プロジェクト.

北川フラム（2014）『美術は地域をひらく：大地の芸術祭10の思想』現代企画室.

小崎哲哉（2018）『現代アートとは何か』河出書房新社.

川俣正（2001）『アートレス：マイノリティとしての現代美術』フィルムアート社.

熊倉純子（2014）『アートプロジェクト：芸術と共創する社会』水曜社.

Nickerson, R. S.（1999）"Enhancing creativity", R. J. Sternberg Ed., *Handbook of Creativity*, New York: Cambridge University Press, pp.393-430.

Osborn, A.（1963）*Applied Imagination: Principles and Procedures of Creative Thinking*, New York: Scribner's.

大浦容子（1996）「熟達と評価的発達：音楽の領域での検討」,『教育心理学研究』第44巻, pp.136-144.

Simon, H. A., and Chase, W. G.（1973）"Skill in chess", *American Scientist*, 61, pp.394-
403.

鈴木宏昭（2009）『学びあいが生みだす書く力：大学におけるレポートライティング教
育の試み』丸善プラネット.

高木紀久子・岡田猛・横地早和子（2013）「美術家の作品コンセプトの生成過程に関す
るケーススタディ：写真情報の利用と概念生成との関係に着目して」,『認知科
学』第20巻, pp.59-78.

戸田山和久（2002）『論文の教室：レポートから卒論まで』日本放送出版協会.

Wan, X., Nakatani, H., Ueno, K., Asamizuya, T., Cheng, K., and Tanaka, K.（2011）
"The neural basis of intuitive best next-move generation in board game
experts", *Science*, 331, pp.341-346.

吉澤弥生（2011）『芸術は社会を変えるか？：文化生産の社会学からの接近』青弓社.

あとがき

1 学習を社会的に捉え、社会的に再構築する

　他者との関わりの中で学ぶ過程は、極めて重要である。かつて学習とは、個人が行う行為や活動と理解されていた（OECD 2010）。そのため、今でも、学習の結果は個人の学力・能力として評価され、それによる成果もまた学習者個人が享受すべきものと考えられる傾向がある。一方で現代の学習観は、社会構成主義の考え方へとその重点が移行している。この考え方の下では、学習は、社会的な交渉によって状況づけられ、学習者が能動的に構成する文脈の中で成立する。社会構成主義の学習観は、学習が、個人的な行為や活動ではなく、社会的な行為・活動であると強調している（OECD 2010）。

　学習は、学習者を取り巻く他者や環境との相互作用によって生成される文脈に沿って理解されなければならない。そして、学習のデザインにおいては、何を学ぶかではなく、いかに学ぶかという点が重要となる。現代社会に必要とされるのは、予め決められた仕事を早く正確にできるようになる定型的熟達化ではなく、状況に応じて柔軟に知識やスキルを応用したり変容させたりすることのできる適応的熟達化と言われる。それを目指すためにも、学習者が自己決定的・自己調整的に学び、その場の状況や文脈に臨機応変に対応できると共に、他者と協同的に学べる環境が求められている（OECD 2010）。

　学習を社会的な文脈で捉えるべきとする考え方が登場したのは、何も最近のことではない。第1章で取り上げたデューイ（J. Dewey）や第2章で言及されたフレイレ（P. Freire）をはじめ、この約1世紀の間に、多くの教育者や研究者たちが繰り返しそれを主張してきた。特に学習の社会文化的な側面に着目し、社会構成主義的学習観の基盤を成す重要な知見を示したのが、ヴィゴツキー（L. Vygotsky）とされている。ヴィゴツキーが提唱した「発達の最近接領

域」概念は、現代教育学に大きな影響を与えてきた。「発達の最近接領域」とは、周囲の支援がなくても学習者がひとりで学ぶことのできる水準の外側に近接し、他者の支援や協力があれば学ぶことのできる領域のことを意味する。他者と共同・協同する環境では、子どもは常に自分一人の場合よりも多くの問題・困難な問題を解くことができる。そして子どもがいま周囲の支援を得ればできることは、次には一人でできるようになる。他者の行為や活動を「模倣」することは容易だと思われがちだが、ヴィゴツキーはその考え方を否定し、子どもは自分自身の知能の可能とする領域内にあるもののみを模倣することができると指摘している（Vygotsky 1956=2001: 297-302）。よって教育では、この「発達の最近接領域」にアプローチすることが重要である。

　学校は他者と学ぶための効果的な場となり得ているのだろうか。学校教育の中で授業を通して為し得る教育は、有限である。しかし、現代の日本においても、教育に関する人々の期待の大半は、学校に向けられている。かつてイリイチ（I. Illich）は、社会の「学校化」を問題視していた。「学校化」とは、教師が生徒・学生に対して、手をかければかけるほど良い結果が得られるとする論理であり、そこでは目的を実現するための過程が、目的と混同されている（Illich 1970: 13）。学校が教育を専門に行う制度として公認されているがゆえに、学校以外の社会的な制度は教育の手段と見なされず、すべてを学校に依存するようになる。多くの人々は知識の大部分を学校の外で身につけているにもかかわらず、学習の成果がすべて学校で教えられた結果だと見なされる（Illich 1970: 25-32）。

　イリイチが目指す「脱学校化された社会」では、すべての人に教育を与えることが、すべての人による教育をも意味する。イリイチは、このような「脱学校化された社会」を実現するために、共同学習の機会を充実させることを提案する。創造的で探究的な学習のためには、問題意識や目的を共有する仲間が必要である。つまり、現在自分が関心をもっている事柄について、同じ関心からそれについての学習意欲をもっている他の人々と共同で考えるための機会を、一人ひとりに平等に与えることが重要である。すべての人には、学習する機会

だけでなく、他人に教える機会もまた平等に与えられている。しかし学校では、基本的に、その「教える機会」が教師に占有されている（Illich 1970: 43-49）。

「学校化」の実態は、おそらく多くの大学でも生じている。授業を受けて単位を取ることは、本来、学生自身の能力向上や成長・発達に資するための「過程」であるはずが、少なからぬ学生が「なぜ学ぶか」ではなく「いかに楽をして単位を取るか」に囚われている。教員の側はどうであろうか。教員が「教師」として担うべき役割は、学生の能力向上や成長・発達を促すことである。にもかかわらず、学生に「単位を与える」権限を自らが持っているという点のみを焦点化してしまうことも少なくない。学修状況が芳しくない学生に向けて、「〜しないならば単位を出さない」という意識や発言が生じるのは、その証であるように思われる。しかし、授業の中に浸潤した「学校化」の傾向を最小化することができれば、授業は十分に社会的な交渉の場となり得るし、学生が状況的に学ぶ環境にすることができる。そのために、他者と学ぶ学習環境のデザインを検討することが重要なのである。

2　状況的な学習と「対話」のカリキュラム

ところで、社会構成主義の考え方では「状況的に学ぶ」ことが強調されるが（OECD 2010）、具体的にはどのようなことを意味するのだろうか。「状況に埋め込まれた学習」理論を提唱したレイヴとウェンガー（Lave & Wenger 1991）によれば、状況的に学ぶ際のカリキュラムは、一般的な「教育カリキュラム」とは異なっている。「教育カリキュラム」下では、学修は予め構造化され、学修の目的や目標や結果すらも、教師を含む専門家から与えられる。構造化された学修のための資源が外から供給されるが、それゆえに制限も加えられる。一方、状況的に学ぶカリキュラムは、社会的な関係から分離できず、学習者から見て日常的な実践が行われるコミュニティの中に埋め込まれている。そこには先達者等による「手本」が含まれているが、状況的な学習は、教師が随意的に操作できない社会的な環境の中で展開される（Lave & Wenger 1991: 79-80）。

ただし、このように状況的な学習を紹介すると、次のような疑問が生まれ

る。たしかに私たちの周囲では状況に埋め込まれた学習が様々に生じているかもしれないが、いま問題にしているのは「教育カリキュラム」のほうではないのか。そう思われるのはもっともであるが、結論としては、状況的な学習を授業の中で具体化することは可能である。それを具体化するために、まずは教員の側が学生を信頼し、対等な学習者と見なすことが必要である。「正統的周辺参加者」（Lave & Wenger 1991）である学生にとって、先達である「十全的参加者」である教員は非対称的な存在である。それでも、いつか先達の位置を占めていくだろう後継である学生たちを教員が対等な学習者と見なし、根気強くコミュニケーションを取ることが重要である。そして可能な限り、学生が「他者から学ぶ」と同時に「他者に教える」機会を享受できるよう、授業をデザインすることが求められる。

3 被る「対話」から試行する「対話」へ

　社会的な学習の過程において、ことばは重要である。レイヴとウェンガーは、学習で用いられることばの特徴についても言及している。「教育カリキュラム」においては、ことばは知識の伝達のために用いられる。一方の状況的な学習のカリキュラムでは、ことばは、コミュニティにおいて「正統的周辺参加者」になるためのアクセスに関わるものと捉えられる（Lave & Wenger 1991: 89）。

　「対話」は、他者との相互行為のみならず、他者を含む環境との相互作用を通しても生じる。状況的な学習とは、新参者である「正統的周辺参加者」が、「十全的参加者」の語り方（あるいは沈黙の仕方）を学ぶ過程である。ここでレイヴとウェンガーが強調するのは、「実践について語ること」と「実践の中で語ること」とは異なるという点である。「実践の中で語ること」は、実践コミュニティでの談話を通して学ばれるものである。学校の中で評価を得るために「実践について語ること」は、学校の中でしか用いられない独立した言語的実践であり、「実践の中で語ること」とは異質なものである（Lave & Wenger 1991: 89-93）。

　主体的な学習者を育成するために「対話」は重要である。フレイレ（Freire 1968=2011: 79-83）は、教師が一方的に話す内容を学生が一方的に覚えるよう

な「銀行型教育」を批判した。このような「銀行型教育」では、学生に知識を注ぎ込むことが教師の役割と考えられており、学生は忍耐を持ってそれを受け入れることしかできない。このような教育は「抑圧」される社会を反映する教育であり、学生が主体的に世界に関わろうとする意欲や、世界を変革しようとする批判意識を奪ってしまう（Freire 1968=2011: 79-83）。このような「銀行型教育」の弊害を克服するのが、意識の本質に対応しながら双方向のコミュニケーションによって行われる「問題解決型教育」である。つまり、この「問題解決型教育」とは、単に一方向的に知識を詰め込ませるのではなく、複数の認識主体による認識行為を相互に媒介しながら、認識を構築するための営みである。「問題解決型教育」では、教育する者と教育される者の両者双方の行為を通じて認識がつくられていく。対話があってこそ、複数の認識主体が同じ認識対象をめぐって認識を広げていくことが可能となる。ここでは、教育する者と教育される者の間にある矛盾を乗り越えていくことが強調されている（Freire 1968=2011: 100-101）。

　ただし、教師と学生は、対等な対話者にはなり得ても、教育する者と教育される者という非対称的な関係にあり、同等な立場にはない。よって対話の起点は、ほとんどすべての場合、教師側、あるいは環境にある。デューイは、経験には「被る」側面と「試行」する側面があると指摘しているが（Dewey 1916=1975: 222）、対話の「試行」は、多くはまず教師によって開始される。その時点では、学生には、教師によって開始された対話を受け取るか、あるいは拒否するかの選択しかない。ただし、授業を履修する状況を前提とした場合、学生側の「拒否する」という選択肢は実質的に失われる。教師側が常に対話的であるとは限らないが、教師から開始された「対話」は、学生から見ればそれを受動的に「被る」こととなる。

　何らかの状況に埋め込まれた環境に身を置く時、そこに存在する他者や環境からも様々な「対話」を迫られる。「対話」とは、必ずしも発話行為を伴うものに限定されないはずである。今まで出会ったことのなかった「ホームレス」や「アーティスト」や「被災地域の人々」に出会った時、あるいは地域コミュ

ニティの現状に直面した時、そこに会話はなくとも「出会った」「直面した」事に対して何らかの認識が生じ、自分が対象をどう受け止め、それにどう向き合うのかの感覚的・感情的な判断を迫られる。授業の中でデザインされる「対話」は、まずは学生にとって受動的に「被る」対話から始まるのである。

　しかし、効果的な授業では、終始「被る」対話のままにならないように学習がデザインされる。「被る」対話が繰り返されるうち、学生は自らも「試行」して対話を始めてみたい衝動に駆られるかもしれない。あるいは、状況の中に存在する何らかのジレンマやコンフリクトを乗り越えるために「試行」するのかもしれない。いずれにせよ、自律的に「試行」して対話できるようになった時、学生は「主体的な学習者」となる。

4　科学を生活へとつなぎ直す学びのデザイン

　大学で学ぶべき学術的な知識体系としての科学は、生活へとつなぎ直される必要がある。学生から時折、「これを学んで何の役に立つのか」という質問が発せられることがある。その意味するところは文脈に依存して理解されるべきだが、多くの場合、当該学生の生活と学ぶべき科学的知識とが結びついて捉えられない感覚の表明である。

　デューイ（Dewey 1916＝1975; 1915＝1998）は、科学が生活との接続を持たない状態で学ばれることを問題視していた。デューイによれば、科学とは完成された知識を意味する。学習者にとっては、この完成された形式が躓きの石となる。たしかに完成された形で示された知識を学ぶことは学習の近道であり、学習者は時間と労力を節約して学ぶことができるように思われる。しかしこの場合、日常的経験の中の見慣れた材料を取り扱う科学的方法を学習することなく、「科学」を学ぶこととなる。このような状況が生じるのは、高等な研究者の方法が大学教育を支配し、その方法が高等学校に下ろされ、その教科を易しくするための省略が加えられながらさらに下級の学校へと下ろされていくからである（Dewey 1916＝1975: 43-45）。

　大学教育においても少なからず同様の状況がある。特に教養教育課程におい

ては、学生にとって自らの学部で学ぶべき専門的な内容でもなく、自分の現在
ないし将来の生活においても役立たないと感じた時、その学修に対する意欲は
極めて低いものとなる。そこで、生活と科学をどう結びつけていくかが関心事
となる。デューイは教育課程に「仕事」を導入することで、日常的経験の中で
科学的方法を用いて学ぶことを主張している（Dewey 1915=1998）。ただ、確か
に実際の教育現場では、具体的な「仕事」の設定において困難が伴う場合もある。

　重要なのは、実際の生活場面を直接的な学習の場とするか否かという問題よ
りも、生活の中で習得してきた諸概念と、いま学修しようとする科学的な方
法、科学的な概念とを結びつけ、相乗的に理解を深められるか否かにある。例
えばフィールドワークや実験が非常に効果的な学習方法だとしても、すべての
教科、すべての学修場面において導入できるものではない。よって、科学的概
念を日常的な生活場面での文脈とつなげて理解すること、換言すれば、学ぶべ
き科学的概念の社会的意味を主体的・対話的に熟考する学習過程が組み込まれ
ているか否かが重要である。

　ヴィゴツキーは、生活的概念と科学的概念を区別した。生活的概念は、自身
の生活経験の中から発生する。一方の科学的概念は、科学的知識の一定の体系
を教わる過程で形成される（Vygotsky 1956=2001: 233）。両者の長所・短所は
まったく異なっており、また出発点も相互に異なる。生活的概念の形成は用語
の意味を習得した時に終わるのに対して、科学的概念の形成は、用語の意味を
習得したところから始まる（Vygotsky 1956=2001: 245）。

　子どもにおいては、生活的概念の習得が先行し、生活的概念に基づいて科学
的概念の習得が行われる。このような生活的概念と科学的概念の発達のあいだ
にある関係は、母語と外国語の習得の関係にも当てはまる。外国語の教育は、
母語の知識を基礎とする。また、外国語の習得によって、母語の水準も高めら
れる（Vygotsky 1956=2001: 246-247）。

　このように、確かに子どもの思考の発達においては、生活的概念が先行し、
それを基盤として科学的概念が形成されるかもしれないが、成人になると状況
は異なってくる。大学生、特に大学の初年次学生の多くは、自分たちが子ども

期と成人期の中間的な位置にいると感じている。20世紀後半に発達してきた成人教育研究においては、子ども期の学習と成人期の学習に多くの異なる特徴があると指摘されている（Knowles 1980=2002）。例えば子どもの学習は親や教師に依存的であり、教育される内容や方法についても親・教師等の大人が責任を負っている。教育で用いられる方法としては、講義や読書、視聴覚教材の活用などの伝達的な方法が中心である。子どもが習得すべき体系化された教育カリキュラムが存在し、体系化された教科の内容を学ぶこととなる。一方、子どもが成長するにつれ、自己決定性が増大していく。成人期の学習は自己決定的なものとなり、教科書よりもそれまでの人生経験の蓄積がより重要な学習資源となる。伝達的方法よりも、問題解決型学習やディスカッション、実験やフィールドワーク調査などの経験的手法が中心となる。成人においては、進学や試験の為ではなく、実生活の課題に対処することが大きな学習動機となる（Knowles 1980=2002: 39）。

　つまり、人は学習者として成熟するにつれて、それまでの自分自身の経験を糧として学習する傾向を強めていく。コルブの経験学習の考え方に依れば、学習とは具体的な経験の意味を変容させ、知識を創出していく継続的な過程である。この学習過程では、実際の世界に知識を適応する際に生じるコンフリクトを弁証的に解決することが目指される（Kolb 1984: 25-38）。コルブは、具体的経験、省察的観察、抽象的概念化、能動的実験という4次元から成る経験的学習のサイクルを示している。感覚的に把握される具体的経験に基づいて省察的観察が行われ、それによって内省的な変容が促される。この省察の過程を経ることにより、感覚的に把握されていた具体的経験の意味が認知的に理解され、抽象的に概念化される。概念化された知識は、次に能動的実験の段階に移行することで、外面的な変容へと接続する。そしてまた次の具体的経験が引き出されていく（Kolb 1984: 25）。このような学習の過程が、成人期の学習においては中心的な学習手法となっていく。大学生が学習者として成熟し、自律的で主体的に学ぶ力を身につける上では、このように自らの経験を効果的に学習の創発や深化につなげていくことが求められる。

　子ども期における科学的概念の習得の過程とは異なり、大学生になると、むしろ科学的概念の形成が先行し、それが生活的概念を伴わない場合も増えていく。それは高度に認知発達を遂げた結果として喜ばしいことではあるが、しかし、生活的概念を伴わないまま科学的概念を習得しようとするのには、様々な弊害も生じている。1つには、学習する上での意欲や動機が生まれにくい点である。科学と生活の諸概念が分離した状況は、「これを学んで、何の役に立つのか」という疑問を誘発しやすい。他には、科学的概念の形成においても効果的ではない。先述のように、生活的概念と科学的概念は相乗的に作用する（Vygotsky 1956=2001: 233）。よって、このような場合には、科学的概念を生活的概念と結びつけるための状況的学習カリキュラムが求められる。サービス・ラーニングの授業やトランスランゲージの学び合いなどは、まさにこの点において効果的である。

　科学的知識を生活とつなぎ直すための方法を明らかにする上で鍵となるのは、感覚や感情や感性である。本書全体を通して、学習過程の中で感覚・感情・感性等を重視し、それを最大限に活かすことの重要性が示されたのではないだろうか。学習において認知的な側面は間違いなく重要であるが、学習は認知的側面だけで構成されるものではない。多様性が拓く学びのデザインを考える時、学習を理解する上で従前にはあまり着目されてこなかった人間の感情的・感覚的な側面にこそ焦点を当てるべきだというのが、本書の主張の1つである。私たちは頭だけを使って学んでいるのではなく、全身を使って学んでいる。多様性の中で学ぶ環境が学習者の新たな可能性を拓くとすれば、今まで学習の経路や手段や目的として看過されてきた部分こそが、その核となるはずである。学生の感情に寄り添いながら、学生の感性を磨いていくための教育を具体化することによって、科学は生活とつなぎ直され、多様性が効果的な学習の環境となる。

2020年1月28日

佐藤　智子

参考文献

Dewey, J.（1915）*The School and Society*, revised edition, The University of Cicago.
（=1998, 市村尚久訳『学校と社会／子どもとカリキュラム』講談社学術文庫.）

Dewey, J.（1916）*Democracy and Education: An Introduction to the Philosophy of Education*, Macmillan.（=1975, 松野安男訳『民主主義と教育』（上）（下）岩波文庫.）

土井捷三（2016）『ヴィゴツキー「思考と言語」入門：ヴィゴツキーとの出会いへの道案内』三学出版.

Freire, P.（1968）*Pedagogia do Oprimido*. Rio de Janeiro: Paz e Terra.（=2011, 三砂ちづる訳『被抑圧者の教育学』亜紀書房.）

Illich, I. D.（1970）*Deschooling Society*, Harper & Row.（=1977, 東洋・小澤周三訳, イヴァン・イリッチ『脱学校の社会』東京創元社.）

Knowles, M. S.（1980）*The Modern Practice of Adult Education: From Pedagogy to Andragogy*, Cambridge Book Co.（=2002, 堀薫夫・三輪健二監訳, マルカム・ノールズ『成人教育の現代的実践：ペダゴジーからアンドラゴジーへ』鳳書房.）

Kolb, D.（1984）*Experiential Learning: Experience as The Source of Learning and Development*, New Jersey: Prentice-Hall.

Lave, J. and Wenger, E.（1991）*Situated Learning: Legitimate Peripheral Participation*, Cambridge: Cambridge University Press.（=1993, レイヴ＆ウェンガー著, 佐伯胖訳『状況に埋め込まれた学習：正統的周辺参加』産業図書.）

Mezirow, J.（1991）*Transformative Dimensions of Adult Learning*, Jossey-Bass.

OECD（2010）*The Nature of Learning: Using Research to Inspire Practice*, Paris: OECD Publishing.（=2013, 立田慶裕・平沢安政監訳『学習の本質：研究の活用から実践へ』明石書店.）

Vygotsky, L. S.（1956）*Thought and Language*.（=2001, 柴田義松訳『思考と言語』[新訳版] 新読書社.）

編著者・著者紹介

佐藤　智子（さとう・ともこ）――編著、第1章
東京大学大学院教育学研究科博士課程修了。博士（教育学）。専門は、教育行政学、生涯学習・社会教育論。現在、東北大学高度教養教育・学生支援機構学習支援センター准教授。
主要著書・訳書：『学習するコミュニティのガバナンス：社会教育が創る社会関係資本とシティズンシップ』（明石書店、2014年）、『民主主義の「危機」：国際比較調査からみる市民意識』（共著、勁草書房、2014年）、『生涯学習の理論：新たなパースペクティブ』（共著、福村出版、2011年）、『学習の本質：研究の活用から実践へ』（共訳、明石書店、2013年）、『教育と健康・社会的関与：学習の社会的成果を検証する』（共訳、明石書店、2011年）など。

江口　怜（えぐち・さとし）――第2章
東京大学大学院教育学研究科博士課程修了。博士（教育学）。専門は、日本教育史、サービス・ラーニング。東北大学高度教養教育・学生支援機構課外・ボランティア活動支援センターを経て、現在、和歌山信愛大学教育学部助教。
主要著書・論文：『障害児の共生教育運動：養護学校義務化反対をめぐる教育思想』（共著、東京大学出版会、2019年）、「学生ボランティアは福島で何を学んでいるのか：ボランティア活動を通した市民性教育の試み」『東北大学高度教養教育・学生支援機構紀要』第3号（2017年）、「夜間中学政策の転換点において問われていることは何か：その歴史から未来を展望する」『〈教育と社会〉研究』第26号（2016年）など。

髙橋　美能（たかはし・みのう）――編著、第3章
大阪大学大学院人間科学研究科博士課程修了。博士（人間科学）。専門は社会教育、人権教育、異文化間教育。現在、東北大学高度教養教育・学生支援機構グローバルラーニングセンター准教授。
主要著書・論文：『多文化共生社会の構築と大学教育』（東北大学出版会、2019年）、『国際共修：文化的多様性を生かした授業実践へのアプローチ』（共著、東信堂、2019年）、「国際共修授業における多文化共生の実現：学生同士の言語サポートを促すことを通じて」『留学生交流・指導研究』21号（2018年）、「多文化クラスで人権教育を実践する意義：授業の実施前と後の質問紙調査結果に基づいて」『人権教育研究』第14巻（2014年）。

島崎　薫（しまさき・かおり）――第4章
ニューサウスウェールズ大学大学院（オーストラリア）人文学研究科博士課程修了。Ph.D.取得。専門は、日本語教育、留学生教育、多文化教育。東北大学高度教養教育・学生支援機構助教、講師を経て、2019年4月より東北大学大学院文学研究科准教授。
主要著書・論文：『国際共修：文化的多様性を生かした授業実践へのアプローチ』（共著、東信堂、2019年）、「地域住民との国際共修で留学生は何を学んだのか：仙台すずめ踊りの実践を通して」『東北大学高度教養教育・学生支援機構紀要』第4号（2018年）、『外国語学習の実践コミュニティ：参加する学びを作るしかけ』（共著、ココ出版、2017年）。

プレフューメ 裕子（プレフューメ・ゆうこ）──第4章

ベイラー大学大学院（アメリカ）教育学研究科博士課程修了。Ed.D.取得。専門は、日本語教育、カリキュラム＆インストラクション。現在、ベイラー大学現代言語・文化学部 アジア・アフリカ語学科 日本語上席講師。

主要著書：『チャレンジ！ 多文化体験ワークブック：国際理解と多文化共生のために』（共著、ナカニシヤ出版、2019年）、『大学における多文化体験学習への挑戦：国内と海外を結ぶ体験的学びの可視化を支援する』（共著、ナカニシヤ出版、2018年）、Constructivism in Foreign Language Learning, Academic Exchange Quarterly. Spring 2007 Volume 11, Issue 1など。

菊池 遼（きくち・りょう）──第5章

東北大学大学院経済学研究科博士課程修了。博士（経営学）。専門は、非営利組織論、災害ソーシャルワーク論。東北大学高度教養教育・学生支援機構課外・ボランティア活動支援センター学術研究員を経て、現在、日本福祉大学社会福祉学部助教。

主要著書：『東日本大震災後設立のNPOにおける活動実態と今後の展望調査報告書』（共著、日本NPO学会、2017年）、『地域イノベーションⅢ：震災からの復興・東北からの底力』（共著、河北新報出版センター、2014年）など。

藤室 玲治（ふじむろ・れいじ）──第5章

神戸大学大学院総合人間科学研究科博士課程修了。博士（学術）。専門は日本近現代史、ボランティア論。元東北大学高度教養教育・学生支援機構課外・ボランティア活動支援センター准教授。現在、特定非営利活動法人S-pace職員。災害支援・教育団体「被災地に学ぶ会」代表（2019年〜）。

主要著書：『苦闘の被災生活』（共著、神戸新聞総合出版センター、1996年）、『西宮市現代史』第3巻（共著、西宮市、2004年）、『阪神・淡路大震災10年：市民社会への発信』（共著、文理閣、2005年）、『ボランティアへの挑戦：東北大学 学生ボランティア活動5年の記録』（共著、東北大学東日本大震災学生ボランティア支援室、2016年）など。

縣 拓充（あがた・たくみつ）──第6章

東京大学大学院教育学研究科博士課程修了。博士（教育学）。日本学術振興会当別研究員PD、千葉大学コミュニティ・イノベーションオフィス特任助教を経て、現在、東北大学高度教養教育・学生支援機構学習支援センター助教。専門は、教育心理学、認知科学。『behind the seen：アート創作の舞台裏』展 学芸補佐（東京大学駒場博物館、2008年）、「千葉アートネットワーク・プロジェクト（WiCAN）」副実行委員長（2011年〜2018年）。

主要著書・訳書：『触発するミュージアム：文化的公共空間の新たな可能性を求めて』（共著、あいり出版、2016年）、『学習科学ハンドブック 第二版 第2巻：効果的な学びを促進する実践／共に学ぶ』（共訳、北大路書房、2016年）など。

多様性が拓く学びのデザイン
主体的・対話的に他者と学ぶ教養教育の理論と実践

2020 年 2 月 27 日　初版第 1 刷発行

編著者	佐　藤　智　子
	髙　橋　美　能
著　者	江　口　　　怜
	島　崎　　　薫
	プレフューメ裕子
	菊　池　　　遼
	藤　室　玲　治
	縣　　　拓　充
発行者	大　江　道　雅
発行所	株式会社　明石書店
	〒 101-0021
	東京都千代田区外神田 6-9-5
	電　話 03 (5818) 1171
	FAX　03 (5818) 1174
	http://www.akashi.co.jp
	振　替 00100-7-24505

装丁：谷川のりこ
組版：朝日メディアインターナショナル株式会社
印刷・製本：モリモト印刷株式会社

学習するコミュニティのガバナンス

社会教育が創る社会関係資本とシティズンシップ

佐藤智子 著

A5判／上製／276頁
◎4500円

社会教育はなぜ必要なのだろうか。私たちは、社会的格差・排除を乗り越え、複雑な社会問題の解決に取り組むアクティブな学習者になることが期待されている。本書では、そのためのガバナンスを理論的・実証的に描き、公教育としての社会教育の効果と課題を示す。

内容構成
序 章 学習するコミュニティの構築に向けて
第1章 学習するコミュニティのガバナンスとは
第2章 シティズンシップへの学習と社会教育の効果
第3章 教育行政組織の再編と社会教育
第4章 学校と地域の連携によるシティズンシップの向上
第5章 コミュニティ・ガバナンスと社会教育
終 章 総括‥得られた知見と残された課題

学習の本質 研究の活用から実践へ

OECD教育研究革新センター編著
立田慶裕・平沢安政監訳
◎4600円

教育と健康・社会的関与 学習の社会的成果を検証する

OECD教育研究革新センター編著 矢野裕俊監訳
山形伸二、佐藤智子、荻野亮吾、立田慶裕、籾井圭子訳
◎3800円

グローバル化と言語能力 自己と他者、そして世界をどうみるか

OECD教育研究革新センター編著 本名信行監訳
徳永優子、稲田智子、来田誠一郎、定延由紀、西村美由起、矢倉美登里訳
有本昌弘監訳 多久納誠子訳 小熊利江訳
◎6800円

学びのイノベーション 21世紀型学習の創発モデル

OECD教育研究革新センター編著
◎4500円

経験資本と学習 首都圏大学生949人の大規模調査結果

◎3700円

キー・コンピテンシー 国際標準の学力をめざして

ドミニク・S・ライチェン、ローラ・H・サルガニク編著
立田慶裕監訳
岩崎久美子、下村英雄、柳澤文敬、伊藤素江、村田維沙、堀輝著
◎3800円

国際バカロレアの挑戦 グローバル時代の世界標準プログラム

岩崎久美子編著
◎3600円

ヒューマンライブラリー 多様性を育む「人を貸し出す図書館」の実践と研究

坪井健、横田雅弘、工藤和宏編著
◎2600円

〈価格は本体価格です〉

持続可能な社会を考えるための66冊
教育から今の社会を読み解こう
小宮山博仁著
◎2200円

「移民時代」の多文化共生論
想像力・創造力を育む14のレッスン
松尾知明著
◎2200円

多文化社会に生きる子どもの教育
外国人の子ども、海外で学ぶ子どもの現状と課題
佐藤郡衛著
◎2400円

新 多文化共生の学校づくり
横浜市の挑戦
山脇啓造・服部信雄編著
横浜市教育委員会 横浜市国際交流協会協力
◎2400円

多文化社会の社会教育
公民館・図書館・博物館がつくる「安心の居場所」
渡辺幸倫編著
◎2500円

多文化社会の偏見・差別
形成のメカニズムと低減のための教育
加賀美常美代・横田雅弘・坪井健・工藤和宏編著
異文化間教育学会企画
◎2500円

外国人の子ども白書
権利・貧困・教育・文化・国籍と共生の視点から
荒牧重人、榎井縁、江原裕美、小島祥美、志水宏吉、南野奈津子、宮島喬、山野良一編
◎2000円

外国人児童生徒受入れの手引[改訂版]
文部科学省総合教育政策局
男女共同参画共生社会学習・安全課編著
◎800円

批判的教育学事典
マイケル・W・アップル、ウェイン・アウ、ルイ・アルマンド・ガンディン編
長尾彰夫、澤田稔監修
◎25000円

多文化共生と人権
諸外国の「移民」と日本の「外国人」
近藤敦著
◎2500円

社会的困難を生きる若者と学習支援
リテラシーを育む基礎教育の保障に向けて
岩槻知也編著
◎2800円

子どもの貧困調査
子どもの生活に関する実態調査から見えてきたもの
山野則子編著
◎2800円

日本と世界の学力格差
国内・国際比較の統計分析から
シリーズ・学力格差①〈統計編〉
志水宏吉監修
川口俊明編著
◎2800円

学力を支える家族と子育て戦略
就学前後における大都市圏での追跡調査
シリーズ・学力格差②〈家庭編〉
志水宏吉監修
伊佐夏実編著
◎2800円

学力格差に向き合う学校
経年調査からみえてきた学力変化とその要因
シリーズ・学力格差③〈学校編〉
志水宏吉監修
若槻健、知念渉編著
◎2800円

世界のしんどい学校
東アジアとヨーロッパにみる学力格差是正の取り組み
シリーズ・学力格差④〈国際編〉
志水宏吉監修
ハヤシザキカズヒコ、園山大祐、シム チュンキャット編著
◎2800円

〈価格は本体価格です〉

教育のワールドクラス

21世紀の学校システムをつくる

アンドレアス・シュライヒャー 著　経済協力開発機構（OECD）編

ベネッセコーポレーション 企画・制作　小村俊平、平石年弘、桑原敏典、

鈴木寛、秋田喜代美 監訳

下郡啓夫、花井渉、藤原誠之、生咲美奈子、宮美和子 訳

■A5判／並製／352頁
◎3000円

テクノロジーの進歩やグローバル化の進展により、教育や学習をめぐる環境も大きく変化しようとしている。OECD生徒の学習到達度調査（PISA）の創始者であり今なお世界の教育改革に向けて奮闘する著者が、長年にわたる国際調査から得られたエビデンスに基づいて、21世紀に向けた新たな学校システムを探究する。

━━●内容構成●━━

日本語版刊行によせて

第1章　科学者の視点から見た教育

第2章　幾つかの神話を暴く

第3章　優れた学校システムは何が違うのか

第4章　なぜ教育の公平性はわかりにくいのか

第5章　教育改革の実現

第6章　今何をするか

図表でみる教育 OECDインディケータ（2019年版）

経済協力開発機構（OECD）編著　矢倉美登里、伊藤理子、
稲田智子、坂本千佳子、田淵健太、松尾恵子、元村まゆ訳

人生初期の学びと育ちを支援する
◎8600円

デジタル時代に向けた幼児教育・保育

アンドレアス・シュライヒャー著

経済協力開発機構（OECD）編　一見真理子、星三和子訳

◎2500円

幼児教育・保育の国際比較

OECD国際幼児教育・保育従事者調査2018報告書
国立教育政策研究所編

質の高い幼児教育・保育に向けて
◎3600円

生きるための知識と技能7

OECD生徒の学習到達度調査（PISA）2018年調査国際結果報告書
国立教育政策研究所編

◎3600円

社会情動的スキル 学びに向かう力

経済協力開発機構（OECD）編著
ベネッセ教育総合研究所企画・制作　無藤隆、秋田喜代美監訳

◎3600円

アートの教育学 革新型社会を拓く学びの技

OECD教育研究革新センター編著
篠原真子、篠原康正、袰岩晶訳

◎3700円

メタ認知の教育学 生きる力を育む創造的数学力

OECD教育研究革新センター編著
篠原真子、篠原康正、袰岩晶訳

◎3600円

多様性を拓く教師教育 多文化時代の各国の取り組み

OECD教育研究革新センター編著　斎藤里美監訳
布川あゆみ、本田伊克、木下江美、三浦綾希子、藤浪海訳

◎4500円

〈価格は本体価格です〉